小学班主任的 78个临场应变技巧

许丹红 著

中国轻工业出版社

图书在版编目（CIP）数据

小学班主任的78个临场应变技巧/许丹红著. —
北京：中国轻工业出版社，2011.8 (2026.1重印)
ISBN 978-7-5019-8266-0

Ⅰ.①小… Ⅱ.①许… Ⅲ.①小学-班主任工作 Ⅳ.①G625.1

中国版本图书馆CIP数据核字（2011）第101671号

保留所有权利。未经中国轻工业出版社书面授权，任何人不得以任何方式（包括但不限于电子、机械、手工或其他尚未被发明或应用的技术手段）复印、拍照、扫描、录音、朗读、存储、发表本书中任何部分或本书全部内容（包括但不限于光盘、音频、视频等）。中国轻工业出版社未授权任何机构提供源自本书内容的电子文件阅览、收听或下载服务。如有此类非法行为，查实必究。

责任编辑：吴　红　　　责任终审：杜文勇
策划编辑：吴　红　　　责任校对：吴维斌　　　责任监印：刘志颖

出版发行：中国轻工业出版社（北京东长安街6号，邮编：100740）
印　　刷：三河市鑫金马印装有限公司
经　　销：各地新华书店
版　　次：2026年1月第1版第18次印刷
开　　本：720×1000　1/16　印张：16.5
字　　数：147千字
印　　数：46001—47000
书　　号：ISBN 978-7-5019-8266-0　定价：32.00元

读者热线：010-65181109
发行电话：010-85119832　　010-85119912
网　　址：http://www.chlip.com.cn　　http://www.wqedu.com
电子信箱：1012305542@qq.com
版权所有　侵权必究
如发现图书残缺请拨打读者热线联系调换
252132Y1C118ZBW

推荐序

做一个有心的班主任

　　许丹红是一位普普通通的小学教师、班主任,又是一位非同寻常的小学教师、班主任。她在平凡的岗位上取得了不平凡的业绩,她获得了中学高级教师的职称,近年来先后荣获嘉兴市名师,浙江省第二十一届春蚕奖,全国推进文明礼仪教育的优秀辅导员,嘉兴市第五届跨世纪学术带头人,全国第二届班主任走进心灵金笔奖,《班主任》《班主任之友》杂志的封面人物。已经出版了教育专著《班主任教育漫谈》,一百多篇文章发表在各级报刊上,曾应邀赴广东、江苏、上海、河南、新疆等地讲学。

　　许丹红为什么会在班主任专业化的道路上取得令人瞩目的成绩?她成功的秘诀何在?从她成功的案例中,可以获得哪些启示?这是很值得我们思索的问题。

　　回顾自己走过的道路,许丹红深有感触地说:"从教19年,从最原始的村级小学到悠闲的乡镇中心学校再到现如今喧嚣的市属小学,19年班主任历程的风风雨雨,尝遍了为人师的酸、甜、苦、辣,一路跋涉,一路前进,见识了形形色色的孩子,接手了各具特色的班级,时而如饮数年甘甜的佳酿,啜一口,余香缭绕;时而如咀嚼一枚青涩的橄榄,咬一口,酸涩无奈;时而如拾捡一地凌乱的鸡毛,手忙脚乱……不知不觉,当初为人师满怀激情的寂寞岁月还似昨日再现,温润的中年门槛就已在脚边伫立……"她的教育生命之花五彩缤纷,她的教育天空群星闪烁。我觉得最为突出的一点,她是位有心的教育耕耘者,一位有心的班主任。

一

做一个有心的班主任,这里的"心"就是对班主任工作、对孩子们的爱心、细心、诚心、热心、耐心、专心、一心、精心。就是能够用爱心呵护孩子,引领孩子;能够细心察觉孩子生命成长中的哪怕再细微的问题;能够诚心对待孩子,热心疏导孩子,耐心教育后进生,专心思考孩子的问题,一心走进孩子们的心灵,精心研究,永不停步。"有心",就能发现问题,能从"鸡毛蒜皮""张家长李家短"中发现蛛丝马迹。"有心"就能够抓住教育学生的最佳时机:①兴趣点;②兴奋点;③情感点;④求异点;⑤变化点;⑥荣辱点;⑦利益点;⑧低潮点;⑨矛盾点;⑩敏感点;⑪闪光点;⑫共鸣点……做一个有心的班主任,这是个简单却难以真正登堂入室、登峰造极的命题。而许丹红以这本书证明她做得很完美。

班主任的每一天,也许是烦琐的,也许是非凡的;也许是欢乐的,也许是郁闷的;也许是成功的,也许是失败的……有许多的也许。但大都与大江东去无关,与豪迈悲壮无缘,与荡气回肠无干。更多的是琐屑的细微的小事,诸如,哪个孩子迟到旷课了,哪个孩子追逐打闹了,哪个孩子午餐午休时犯规了,哪个孩子比赛失利了,哪个孩子心灵受伤了……什么上课看课外书、上课打瞌睡、上课不带书、上课玩东西、经常不做家庭作业、喊绰号……许丹红从自己19年的班主任生涯中悟到,细节对班主任工作是至关重要的，于是她抓住细节，在细节上大做文章，演绎出教育的精彩。

一位管理学大师说过，现在的竞争，就是细节的竞争。细节影响品质，细节体现品位，细节显示差异，细节决定成败。在这个讲求精细化的时代，细节往往能反映班主任的专业水准，彰显班主任内在的素质。灿烂星河是因无数星星汇聚，伟业丰功也是由琐事小事积累。

许丹红不吝从小事做起，把小事做精，把细节做亮。事实上，教育的个性就蕴藏在那些生动鲜活、精彩迷人的细节中。班主任本来就是"在学生心尖上行走"的人，稍有不慎，便会贻误一颗心灵，伤害一个生命。学生的一个小小的动作，一句随意的谎话，一个异样的表情，一丝不屑的态度等，都需要我们去了解情况，去剖析学生心理，巧妙调节自己的情绪行为，把问题解决在细微处，消灭在萌芽时，于无痕处见教育，做到"随风潜入夜，润物细无声"。

在教育过程中，许丹红能够敏锐地发现学生身上显露出的教育细节，耐心地叩问，静静地倾听，深入地挖掘，在细节上做文章。

细节是开启学生心灵世界的钥匙。教育的艺术就体现在敏锐地捕捉具有教育价值的细节上。如果教育过程中有更多的细节被注意、被发掘，那么教育就一定会变得更亮丽、更迷人。

一番伟业的开创和许多奇迹的诞生，往往是由一些微不足道的小事开始的。那般细小、简单的小事，对许多人来说，不过是举手之劳、抬腿之功，并不需要多大的勇气，就完全可以做好。请记住——只要把最初的那微不足道的一点儿勇气坚持到底，任何人都能像许丹红这样创出教育生命的奇迹。

二

　　许丹红是有心人，不仅能够敏锐地发现微乎其微的问题，而且能够独具匠心地解决问题。全书78个案例写得活灵活现，幽默风趣，引人入胜，让人爱不释卷。

　　小学生上课时看课外书是司空见惯的小事了。许丹红在处理这类问题时，也是"用心"的。有一次，某某在英语课上看小说，她没有按照惯例进行批评，而是让全班学生评选"痴爱语文龙虎榜"。同学们自然选出语文学习优异者，许丹红却说应该把龙虎榜头把交椅给上英语课看小说的某某，全班学生笑得前俯后仰，某某脸如关公。许丹红认真地对全班同学说："孩子们，不要笑，许老师真的被他这一份痴爱语文的心所打动，在英语课上，狂看课外书，如此挚爱语文，所以，许老师将奖励他一本书《100个励志故事》，作为对龙虎榜状元获得者的嘉奖。"接着又让某某发表获奖感言。某某承认了错误，然后许老师轻描淡写地批评了一下，事后这个孩子主动向英语老师承认错误，而且以后彻底改正了。

　　许丹红就是这样通过"冷幽默"的方式，对在其他课堂上看课外书的孩子进行一番隐性批评。效果出奇的好。

　　自习课，有时孩子们管不住自己，乱说话，乱打斗，教室像马蜂窝，这也是屡见不鲜的现象，是微乎其微的小事，也是最让班主任头疼的。许多班主任看到这种现象，往往会暴跳如雷，而许丹红却另辟蹊径，别具一格地进行巧妙处理。

　　她没有批评学生，而是进行自我检讨："刚才许老师的心情是失望，但不是对你们，是对我自己的失望。教了快两年，可还没把你们教育成班主任在与不在一样，这说明许老师的能力还不够强，方法还不够多，管理水平还不够高。所以，我要郑重地对你们说一声抱歉。"她还请每人写一封批评老师的信。第二天,许丹红看到学生在信中进行了自我批评,又诚挚地对孩子们说:"读了你们的信后,我的心溢满感动。谢谢同学们,这么宽容老师,这么包容老师,你们没有做到最好,没有做到自律,肯定与我这位班主任有关,我以后一定在教育方法上多加强提升,多学习……"孩子们的眼里充满了钦佩和崇敬,那些调皮孩子吐吐舌头,很不好意思。这以后,几乎所有的自修课,孩子们都能自觉遵守纪律了。

前苏联教育家赞科夫说:"难道敏锐的观察力不是一个教师最可宝贵的品质之一吗?对一个有观察力的教师来说,学生的欢乐、兴奋、惊奇、疑惑、恐惧、受窘和其他内心活动的最细微的表现,都逃不过他的眼睛。"这本书的作者就是一位善于观察,并且把学生心思读懂了的老师。"一沙一世界,一树一菩提。"教育,作为人类精致的精神活动,更是体现在日常生活的点点滴滴之中。应该关注细节,用细节体现和彰显教育的内涵与真谛。教育中的一切原本就是由细节构成的,认真关注细节是做好班主任工作的必要条件。任何工作,落实的成效都在一个个细节之中。班主任只有把每一个细节做到极致,才会赢得教育的精彩,才会有真正的优秀和卓越。从细节中看班主任工作,用细节铸造班主任自身的品质,这是真正的理解教育,这才是班主任追求的境界。

爱是"有心"的前提,思考是"有心"的核心,责任心是"有心"的基石,艺术是"有心"的关键。做一个有心的班主任,就会乐于思考,精于思考,坚持思考;乐于研究,精于研究,坚持研究;乐于写作,精于写作,坚持写作。这样,你就会不断有收获,也就会在班主任专业化道路上高歌猛进。

做一个有心的班主任,需要每天成长一点点。也就是在读书、写作、反思、实践中,今天比昨天更智慧,今天比昨天更勤奋,今天比昨天更宽容,今天比昨天更懂得爱和沟通。在书籍中学习,在网络上遨游,在实践中总结,在反思中提升,让心灵和行为日趋高尚,成为一个知识渊博、学识深厚的人。这样的班主任看问题往往独具慧眼，富有睿智和远见，善于帮助学生高效巧妙地解决成长中的问题，并能在解决学生问题的过程中，体会自身专业成长的愉悦。

让我们像许丹红一样，做一个有心的班主任吧！

张万祥

于 2011 年 4 月

（张万祥，德育特级教师，享受国务院政府特殊津贴专家）

前言

为自己开一朵花

素来挚爱林清玄，爱他那清新带点儿忧郁，空灵饱含哲理，宛如雨丝一般沁入心脾的文字，尤其是那一句——我们增长自己的智慧，是为自己开一朵花。

为自己开一朵花——

蓦地，一顿，遂而，豁然开朗、清明——为自己的境遇。

作为一位一直位于基层并时刻体验着班主任工作辛劳琐碎的教师，对我来说，每天那急急匆匆的前进步履，属于常态。虽说已有多年的教育经验，但依然时常会遭遇手忙脚乱、措手不及甚至于无可奈何和沮丧失落的时刻。

曾无数次扪心自问，如斯场景，如何应对？

新时代的孩子啊，物质生活优越，外界诱惑过多，家长分外溺爱，家庭变故等社会现象不断增多。眼前的那一张张天真烂漫的笑脸背后，却包罗着种种迹象：他们或先天营养不足、脾气暴躁、放任不羁、好动调皮，或家庭教育素养缺失、心灵呻吟、以另类的面目呈现，或如朽木一般一时难以雕塑、排斥学习、做一些令师者痛心之事，或如缠绕的藤蔓令育者的心纠结……

新时代的家长，自身文化和素质不断提高，水涨船高，对学校、对班主任的要求之高，达到之最。

新时代学校与学校的竞争压力越来越明显，领导对班主任的要求也越来越高，同事之间的竞争也日益白热化……小学班主任，不无夸张地说，每天都会遭遇处理不完的"糟糕"，面对不完的"精彩"。面对来自多方的压力，班主任犹如沉浸在一张编织得密密麻麻的网中，职业的倦怠，不知不觉中紧随而至。厌倦、生气、无奈、悔恨……这所有的一切，于事无补，破坏的将只是自己的心情。与其戚戚悲悲地混日子，不如开开心心地做。

一朵花啊，为自己所开，开在心田，芳香、馥郁萦绕，缘于那一份持久而又美丽的渴望：渴望，在平淡的教育生活中，能拥有快乐点缀我的心情；渴望，与我朝夕相处的孩子们，能恣意地吸收阳光雨露；渴望，我能如鱼得水地开展我的班主任工作，装点我的生活及生命。

我并不崇高，没有为世界而开的宏愿。我想为自己开一朵花。

只想为自己开一朵花，只想给自己一份快乐和愉悦。只是这样的一个小小的愿望。

故而，这些年来，一直在默默地积累，一直在孜孜地阅读，一直在醉醉地记录，一直在悄悄地修炼，一直在深深地反思，一直在努力地寻找着一些无奈情景时的应变技巧，并使出我那浑身的七十二般武艺，与孩子们"过招"。前提，是拥有一颗博爱的心，这是起点，只是起点。

智慧才是教育旅程的一条抛物线。增长自己的智慧，就是不断地提高自己的应变技巧，这里有春风化雨的点化，有一咏三叹的引导，有出其不意的出招，有一笑而过的胸襟……招招溢满情，情到深处慧蒙蒙。

智慧无限延伸，到达不了终点。正如林清玄所说的，增长自己的智慧，是为自己开一朵花。

衷心感谢"万千教育"编辑部的吴红主任，让我拥有这么一个编写整理班主任临场应变技巧的机会,让这些多年来沉静在我电脑中的静静的文字,顿时弥漫着江南茉莉的清香,有了被分享的喜悦。

　　铭谢我的师傅——敬爱的张万祥老师,对我不断的鼓励与鞭策,让我对此书稿有了承接的勇气,滋生了梳理的力量。

　　不是自谦,真的,我不够智慧。因此,可能还会有许多的不完美。若能给我的可爱可敬的同行们一点小小的共鸣或启迪,已足矣。

　　淡然,

　　淡定,

　　淡淡地开花。

　　为自己开一朵灼灼的小花。

许丹红
于 2011 年 3 月

目　录

推荐序　做一个有心的班主任（张万祥）……………………………… I

前　言　为自己开一朵花（许丹红）……………………………………… VII

第一章　应对孩子的心理问题 …………………………………………… 1

1. "同处一个快乐频道"——应对孩子的欺骗行为 ……………………… 2
2. 让家长迅速撤离——应对刚入学孩子的逃学行为 …………………… 5
3. 山不过来，我就过去——应对孩子的对立情绪 ……………………… 8
4. 不断地正强化——应对孩子破罐子破摔的行为 ……………………… 11
5. 培养感恩心理——应对单亲孩子的复杂心理行为 …………………… 16
6. 沟通无极限——应对孩子不接受继父（母）的行为 ………………… 20
7. 给自己找个台阶——应对孩子让你难堪的行为 ……………………… 24
8. 给孩子一个舞台——应对孩子胆子太小的行为 ……………………… 28
9. 树一个榜样——应对好学生的自私、嫉妒心理 ……………………… 32
10. 开沟引渠——应对孩子不珍爱生命的行为 …………………………… 36
11. 教会发泄不良情绪——应对寄居孩子的双面行为 …………………… 40
12. "闭关修炼"觅内因——应对孩子的拖拉行为 ……………………… 45
13. 探寻问题根源——应对孩子说脏话的行为 …………………………… 48

第二章　应对孩子的学习问题 ……………………………… 51
14. 提前送上奖励——应对孩子的懒散行为 ……………………… 52
15. 大力挖掘积极因素——应对孩子上课看课外书的行为 ……… 55
16. 独辟蹊径——应对孩子上课打瞌睡的行为 …………………… 58
17. 不露声色——应对孩子的课堂率性行为 ……………………… 62
18. 微笑——应对孩子上课不带课本的行为 ……………………… 65
19. 切勿当场毁损——应对孩子上课玩东西的行为 ……………… 67
20. 一咏三叹——应对孩子注意力不集中的行为 ………………… 70
21. 有效提高积极性——应对孩子经常不做家庭作业的行为 …… 73
22. 连环式奖励——应对孩子学习态度不端正的行为 …………… 77

第三章　应对孩子的品行问题 ……………………………… 81
23. 用人格魅力去征服——应对孩子不给脸面的行为 …………… 82
24. 巧妙地转个弯——应对孩子骂老师的行为 …………………… 85
25. 打磨——应对孩子太自负的行为 ……………………………… 88
26. 顺其道而行——应对孩子的恶作剧行为 ……………………… 91
27. 延时教育——应对孩子的闹情绪行为 ………………………… 95
28. 心平气和给予惩罚——应对孩子的考试作弊行为 …………… 98
29. 反其道而行——应对孩子的当众揭短行为 …………………… 101
30. 及时发现——应对孩子的小偷小摸行为 ……………………… 104
31. 不妨"以暴制暴"——应对孩子的暴力倾向 ………………… 109
32. 严惩不贷——应对优秀孩子表里不一的行为 ………………… 112
33. 欲擒故纵——应对孩子的捣乱、惹事行为 …………………… 115

第四章　应对班级管理问题 ………………………………… 119
34. 学会批评自己——应对自修时全班乱糟糟的行为 …………… 120
35. 攻心为上——应对孩子规则意识缺乏的行为 ………………… 123
36. 身先士卒——应对孩子不爱劳动的行为 ……………………… 127

37. 以牙还牙——应对孩子的喊绰号行为 …………………………………… 130

38. "我们大家都在等你呢！"——应对孩子的迟到行为 ………………… 132

39. 做"负责"的文章——应对班干部玩忽职守的行为 …………………… 135

40. 让"情景"再现——应对孩子乱扔本子的行为 ………………………… 138

41. 明察暗访——应对孩子的小团伙行为 …………………………………… 140

42. 去对玩具熊说——应对孩子的打小报告行为 …………………………… 143

43. 童趣教育——应对孩子的挑食行为 ……………………………………… 145

44. 用幽默的方式呈现——应对孩子给班级扣分的行为 …………………… 147

45. 一笑而过——应对孩子传纸条的行为 …………………………………… 150

46. 拥抱疗法——应对孩子的打架行为 ……………………………………… 152

第五章 应对意外突发事件 …………………………………………………… 157

47. 顺藤摸瓜——应对低年级孩子爱在地上爬的怪异行为 ………………… 158

48. 化消极因素为有利因素——应对孩子的无意过失行为 ………………… 161

49. 甜蜜的款待——应对孩子误解班主任的行为 …………………………… 165

50. 借助外力来施压——应对孩子把同学的考卷占为己有的行为 ………… 168

51. 用平静来化解好奇——应对孩子偷偷玩性游戏的行为 ………………… 172

52. 就地取材——应对孩子带小宠物来学校的行为 ………………………… 175

53. 给予贴心的温暖——应对孩子的突然生病 ……………………………… 178

54. 及时进行包扎——应对孩子的流血事件 ………………………………… 179

55. 齐心协力——应对孩子出游时的意外事件 ……………………………… 182

56. 镇定自若——应对媒体的突然来访 ……………………………………… 184

57. 功夫在平时——应对上级领导突然检查的行为 ………………………… 187

第六章 应对家长的行为问题 ………………………………………………… 189

58. 冷处理——应对直率、火爆性子的家长 ………………………………… 190

59. 引导其做学习型家长——应对无计可施的家长 ………………………… 192

60. 签一份合同——应对严管过头的家长 …………………………………… 194

61. 做好三方面的工作——应对隔代家长的介入行为 ………………… 197
62. 给一颗定心丸——应对家长的无助行为 …………………………… 200
63. 授招——应对陪读家长高期待下的暴力行为 ……………………… 203
64. 学会向家长报喜——应对家长对孩子漠不关心的行为 …………… 206
65. 还自己一个公正——应对家长"暗箭伤人"的行为 ……………… 209
66. 变着法子送回去——应对家长的送礼行为 ………………………… 212
67. 礼貌地回敬——应对家长不尊重班主任的行为 …………………… 215
68. 心底无私天地宽——应对家长不理解班主任的行为 ……………… 217

第七章 应对与同事有关的问题 ……………………………………… 221

69. 抱一颗感恩的心——应对同事在背后非议的行为 ………………… 222
70. 有效地协调——应对同事之间闹矛盾的行为 ……………………… 224
71. 多些赞美——应对上级考核组来校考核同事的行为 ……………… 226
72. 做好平时,最为关键——应对学校领导突击性的民意调查行为 … 228
73. 诚挚地道谢——应对学校员工的投诉行为 ………………………… 230
74. 给人方便就是给自己方便——应对搭班老师的调课行为 ………… 231
75. 归因——应对科任老师对孩子的非理性行为 ……………………… 233
76. 不要应和——应对同事质询学校领导的行为 ……………………… 236
77. 让孩子自己去取——应对食堂师傅忘放菜勺的行为 ……………… 237
78. 给予是快乐的——应对同事遇到工作困难的行为 ………………… 239

后　记　感恩的心,感谢有您(许丹红)…………………………… 243

第一章

应对孩子的心理问题

马斯洛的心理需要层次理论告诉我们，人的需要是分层次的，当低层次需要有了保障时，高层次的需要就会突现。正因为现在的孩子不愁吃穿，才会有这么多的心理问题（比如情感上的需要，受人尊重的需要，自我实现的需要等）。

新时代的班主任要在思想和行动上具备"心理工作者"的角色意识，这样遇见各种问题时，就会透过现象看本质，明白孩子的心灵需求，或谆谆善诱，或教会孩子发泄情绪，或给孩子树一个榜样……

如斯，方能渗进孩子的心灵，轻松应对各类看似棘手的问题。这也就具备了做"科学家"型班主任的特质。

1. "同处一个快乐频道"
——应对孩子的欺骗行为

 **情景再现**

"许老师，你看，这应该全对，100分。"课间休息，我正在教室里批改作业，品学兼优的思豪皱着眉头捧着他的课堂作业本，慢悠悠地走上来，摊开着本子告诉我，那个样子啊，宛如他受了天大的委屈。

由于一天的作业批改量过大，我也时常犯些"批错"的错误。可刚批过不久的本子，我是记得很清楚的。这一回作业难度高，全对的寥寥无几。批到思豪的作业时，我一阵喜悦，对他也充满了期待，希望可以再多一个全对。没想到，他还是不够认真，错了一个标点符号。他把问号写成了句号。怎么会变得全对呢？

我探过身子，伸出头，往他的本子上仔细一看，早已没有了句号，端端正正地写着一个美丽的弯钩"？"。

奇怪？我朝他一看，瞬间，明白了：好小子啊，以为我记不清了，偷偷地来了个"狸猫换太子"。确实，单从本子上来看，根本就看不清有过涂改的痕迹。

 **临场应变**

为什么？我脑海里随即闪过这三个字。本学期，班里开展"你追我赶"的竞争比赛，许多孩子把思豪这位可爱的男生当做了竞争的对象。而他自己的目标，是非常优秀的钱怡笑。这个女孩以她的态度认真，动脑积极，常常赢取鲜红的"100"分。而许多以思豪为追赶目标的孩子，也常常以战胜他为快乐。但这段时间，他表现平平，在作业本上经常与"全对"

擦肩而过。这样的状态,导致了他对100分的分外渴求。才一个标点啊!想必,他是下了多大的决心,犹豫了多少回,思考了多久,鼓了多大的勇气,才做出了修改的举动,来到了我的身边。

一念之差!

怎么办?来个声色俱厉的大声训斥吗?"你怎么回事?你算是个五星标兵,你算是个好孩子吗?居然做这类事!"当然,也会取得明显的效果,让这个孩子以后再也不敢这样做。可这样会让他丧失自信心,引来同学的笑话,会给孩子的心灵带来阴影……

我的脑中,快速地盘旋着,思考着,我该怎么办?

"哈哈……哈哈……好小子,那里原先不是藏着一个句号吗?"我朝着他大笑,前面的笑声特别响亮,进而悄悄放低音量,几乎是附在他的耳朵边,用耳语般的声音对他说着后面的话。

聪明如他。

他已明白,他的"诡计",我已识破,原本皱着眉头,一副委屈样子的他,也跟随着我,咧开嘴,尴尬地笑。

另外的孩子,不知道我俩在搞什么名堂,上来问:"什么事?什么事?"

"什么呢?错了一个标点?"一直对事物很好奇的陈松,居然满腹狐疑地上来向我询问。

"没什么!没什么!刚才我和陈思豪同处一个快乐频道,所以,我们就笑了!"

我故意高声地把"快乐频道"这四个字提高了八度。"哦,原来这样啊,那我们也要与你们同处一个快乐频道。"许多孩子附和着,跟着我俩乐呵着,笑着。这时,思豪露出两个小酒窝,尴尬地抿着嘴,后悔与自责早已写满他的脸。

放学后,我把他叫进了办公室。没有一句批评,没有一句指责。这时,我给他讲了一个故事,那就是某留学生在国外逃票的故事。

"你听了有什么感受呢?"我问这孩子。

"这位哥哥,因为逃票而找不到工作。许老师,今天的事是我不对,当时我以为你批了这么多的作业,早已忘记我作业本上的标点了。"孩子低着头小声地说。没想到,孩子主动地承认了错误。

"那老师忘记了,就可以这样做吗?"我又呵呵地笑着。

"也不可以的。"他又说。

"做每一件事情之前,先问问自己的心哦,这样做,是对还是错。知道吗?我相信你没有下回了。好了,回家吧!"我语重心长地说。

孩子频频点着头。

"许老师,再见!"孩子的声音此刻分外的清脆,如一股股甘露沁人心脾。

在前进道路上,谁没有一念之差呢?

 温馨提示

即使再优秀的孩子,也有犯糊涂的时刻。作为老师,要懂得呵护一颗脆弱的童心。

上述案例,成功之处,就是在众人面前,呵护了孩子的自尊心,给了他一个台阶下。当发现孩子已偷偷涂改了标点符号后,我开始用大声的笑,让原本揣着一颗惴惴之心的孩子明白:你的"小伎俩",已入老师的法眼了,再附在孩子的耳边,轻轻地提示孩子不是一个句号吗?用委婉的话告诉孩子,老师可记得清清楚楚。最为经典的一句"我们同处一个快乐频道",打消了班上所有孩子的怀疑,既保护了孩子的自尊心,又让班级沐浴在一种快乐的气氛中。之后,把孩子请到办公室,我并没有针对此事进行过多的理论说教,只需一个小小的故事,孩子的内心早已波涛汹涌,对老师的那一份鸣谢,早已在心。

在众人面前,发现孩子有欺骗行为,切忌当众点穿,让孩子下不了台,若这样,孩子可能会因此而对你怀恨在心,你会得不偿失。倘若遇见此类欺骗行为,作为班主任,要先不露声色,出其不意,在轻松的氛围中，向孩子暗示，老师早已知道，你是在欺骗老师。但在别的同学面前要懂得装糊涂，用一句平时与孩子沟通交流时常用的富有童趣的幽默话，比如"我们同处一个快乐频道"，"我的快乐在你的手中"等语句，化解围观人群的疑云，保护当事人的自尊心。然后，私下里与他讲清道理。正如前苏联教育家苏霍姆林斯基所云——有时宽容比惩罚更能打动人的心。

因为童心需要呵护！

2. 让家长迅速撤离
——应对刚入学孩子的逃学行为

 **情景再现**

"许老师，你们班有个孩子哭着不愿意上学。你快去看看！"早晨，我刚在食堂吃完早饭，走进办公室，就听到同事这么告诉我。

我如箭一般地往教室方向奔去。远远地看到，盈盈妈妈拼命地拉着孩子的两只手，试图把孩子往教室里拉。孩子扭动着屁股，两条腿乱踢乱动，大声地哭喊着，想挣脱妈妈的手。

"这小家伙，今天不高兴来读书了。她奶奶刚刚送她来，她又逃回家了。"盈盈妈妈看到我来了，憋红着脸，又气又急地告诉我。

呵呵，一看孩子，我就明白了其中的原因。这孩子啊，这几天拼音过不了关。前几天，每天放了学被我留下来"开小灶"。于是，孩子怕了，哭着，闹着，逃避来上学。

这是一年级入学一周后早晨的一幕场景。

 **临场应变**

我连忙用手拉着孩子的身子，和孩子妈妈两人齐心协力，把孩子拉进了教室。我朝盈盈妈妈一挥手，示意她快走。盈盈妈妈看见我挥手，知道了我是让她走。看见盈盈妈妈走出教室，我一转身把门关上，挂上锁，把身子挡在门前。

孩子敲着门，大喊着："妈妈，妈妈快来！快来！"她的哭声惊天动地。她想打开教室的门，无奈被我挡着。

当她确认妈妈已走，没有靠山了，无奈之下，就坐在地上，大声哭喊，宛如一张"地毯"铺在教室的门口。

我没去劝慰她，径自带领着其他学生读起了拼音。

坐在地上的她，一开始不停地哭着，喊着。起先，时常有同学偷偷地用眼睛去看她。"哦，有孩子也想与盈盈一般，来做'地毯'吗？"我笑着说。听我这么一说，全班孩子失去了观看她的兴趣，认真地读起了拼音。偶尔有孩子用眼睛的余光扫视她一下，但是，马上又跟着我认真读起了拼音。

闹累了，哭够了，盈盈想想她的救星也不会来了，声音渐渐小了。后来，不知不觉搓着双手，在一旁玩了起来。

看看孩子安静了，我得给她一个台阶下。我轻轻地走到她的身边，拉着她的小手，轻轻地把她请到了座位上。她乖乖地坐到座位上，开始认真听课。

雁过无痕，一切都恢复了宁静。

从此之后，盈盈再也没有上演过不愿来读书的情景剧。

 **温馨提示**

一年级初上学的孩子在学校门口哭闹着不肯来上学的情景屡见不鲜，主要是刚入学的孩子不懂规矩意识，仗着家长的骄纵，企图逃避相对艰苦的学习任务。

事后，孩子妈妈曾多次告诉我，这样的场景，在孩子上幼儿园时出现过许多回，当时都是老师看见她哭闹，就让妈妈把孩子带回了家。原来盈盈是一位聪明可爱的孩子，她在家中排行老二，上有一个大她8岁的姐姐。自然，她成了家中的宠儿。家庭条件的优越，让她在家要风有风，要雨有雨，过着随心所欲的生活。

在她上幼儿园时，她的父母从没在学习上给过她任何的要求，什么背儿歌啊，讲故事啊，认字啊……爸爸妈妈对她唯一的要求，就是别哭着闹着不想上幼儿园。

这样一个一直松懈惯了的孩子，一旦进入一年级，开始进入正规的学习，面对相对繁重的学习任务，每天必须过的拼音关，孩子的内心开始承受不了。出现开头所描写的那一幕，实在也属情理之中了。哭着逃回家，这是孩子试图逃避上学的"杀手锏"。

我依据自己的教育经验，临场处理的诀窍在于，当孩子进入教室，让孩子妈妈迅速离开现场，让孩子失去心理上的依靠，用冷处理的方法，任凭她坐在门后哭闹，我径自带着班上的同学读拼音。渐渐地，孩子就冷静下来了，不再哭闹了，在一旁独自玩起小手来了。这个时候，作为老师，暂时不要马上带孩子到座位上，先给她降降温，灭灭她的威风，让她觉得这样的哭闹是无趣的，是没有效果的。她待在一旁时，听同学读拼音久了，内心已产生对学习的渴望。当她的眼睛开始往座位上扫视时，才可把她带到座位上。这时的她，就会乖乖听你的指挥。有了这样的一次经历，孩子以后再也不会哭闹着逃避上学了。因为她内心会深深明白，逃避是没有用的。

孩子第一次哭闹着不肯来上学,作为班主任,千万不能对孩子放任自流,绝对不能让家长带孩子回家,而是要果敢地切断孩子的依赖源,这样才能微笑着收获未来。

3. 山不过来,我就过去
——应对孩子的对立情绪

 **情景再现**

结业典礼那一天,我把一学期来没收的漫画书、玩具、零花钱,一样一样还到孩子们手中。别看这些小玩意,在老师眼里,小小的甚至烂烂的,也不值什么钱,但在孩子眼中,这些东西大如天,心里一直惦念着呢。我们伟大的陶行知先生不是说过嘛,您不可轻视小孩子的情感!他给您一块糖吃,是有汽车大王捐助一万万元的慷慨。他做了一个纸鸢飞不上去,是有齐柏林飞船造不成功一样的踌躇。他失手打破了一个泥娃娃,是有一个寡妇死了独生子那么悲哀。他没有打着他所讨厌的人,便好像是罗斯福讨不着机会带兵去打德国一般的怄气。他受了你盛怒之下的鞭挞,连在梦里也觉得有法国革命模样的恐怖。他写字想得双圈没得着,仿佛是候选总统落了选一般的失意。他想您抱他一会儿而您偏去抱了别的孩子,好比是一个爱人被夺去一般的伤心。

咱也是从做小孩子过来的,这一点内心里一清二楚。最后一天,本就该欢欢喜喜,开开心心。

这顽皮大王晴晴被没收的40元(学校禁止带零花钱)该怎么处理?他的表现真差劲,数学考试特不认真,监考老师反复提醒没用,结果大考考了个全班倒数第二。是不是该给他点儿教训,悠着点儿再给他!当别的孩子的玩具、零花钱都拿到手了,他的40元"巨款",我只字未提。

正当我在办公室休息,他的同桌子涵来了,"许老师,晴晴在说,你若是不还这40元钱,他说,你今天就别想回家了。"哈哈,好家伙,玩起黑社会那一套手段了。

临场应变

"晴晴,你真在教室里这么说啊,今天,许老师不还你钱,就不能回家了啊?那好啊,我等着你啊!我倒要看看,你怎么不让我回家呢!"我一反常态,故意微笑着问。

"我没说,我没说。"晴晴在我面前,一直不敢"嚣张"。这份威信,一则来自我的严厉,绝不姑息放纵,二则来自我对他的关爱,从不歧视、嘲笑或谩骂,有的是循循善诱。我知道,他对这40元的回归的期待是那么迫切。40元,在孩子心中是一笔"巨款"了,他的心里有多期待它的回归。他急,又无可奈何,只能在同桌面前发此狠话,在他内心不知道有多憎恨我这位班主任。

"呵呵,想拿钱可以啊,等一下,你妈妈来接你时,让你妈妈来拿啊!"我怕把钱放在他手里,他会独自去外面花光,再者,我更想给他刚才所说的话一个下马威。

当我整好路队,与全班孩子道完再见后,不见他的踪影了。让同学下去找,都说已回家了。我知道,这孩子不敢与家长说,心里带着那一股愤愤回家了。

我理解孩子心头那一份气愤、不平:凭什么其他同学都还了,就我没还呢?年少时,我们往往只考虑自己的感受,只觉得世界不公,而不会思考是因为自己的某一个不当的言行而导致这世界不公。许多孩子与老师的隔阂就是这么产生的。

暑期,我一定要去晴晴家家访啊,要把这40元亲自还到孩子的手中。走进孩子的心灵不是一件容易事,这可是一个好机会。做老师的,要善于化干戈为玉帛,最忌与孩子一般见识。

暑假的某一天傍晚,我去晴晴家家访,因为路途较远,孩子爸爸开车来接我。

我站在公交站台上等候,孩子爸爸开车过来了。孩子也坐在车内,见了我,"许老师!"怯怯地。孩子妈妈告诉我,孩子多次在家表示,若我去家访,他将跑掉。

我与孩子爸爸、妈妈愉快交流。孩子一会儿坐到东,一会儿坐到西,手足无措,时不时撑着脸皮,对爸爸妈妈说几句"强硬、剽悍、无谓"的话。我知道,孩子心里不是这么想的,但碍于面子,需要这样的话语来支撑他脆弱的心灵。

我拿出100元,告诉孩子:"晴晴,今天许老师来家访,不是来向你爸爸妈妈告状,主要是来还你的40元钱。"孩子的两只眼睛顿时明亮起来,绽放出了光芒,那一刻,简直可用激动和兴奋来形容。虽只是一瞬间,但做惯思想工作、经常与孩子打交道的我,分明察觉到了。

孩子爸爸妈妈很客气,推阻着,不让我还钱。我说,这是老师建立威信、赢得孩子心灵的好时机,一定要还。

这时的孩子,整个人都温柔起来,他频频点着头。

这一回家访,给孩子童年的心灵烙下了一个美好的印记,就这样,不经意间,他的心门悄悄打开,我与他心灵的美好交往已拉开帷幕。

 **温馨提示**

做班主任的、做老师的,要善于与孩子化干戈为玉帛,要善于与孩子沟通与交流,最忌与小孩子一般见识,斤斤计较,因为孩子对自己有对立情绪就从此把孩子打入"冷宫",那绝不是一位称职优秀的班主任,这将影响孩子的人生观和世界观,给孩子的人生带来消极的影响。

当一个孩子对你产生对立情绪时,班主任要敞开宽广的胸怀,遵照"山不过来,我就过去"的原则,放低自己的姿态,寻找良好的契机,用自己的行动,融化孩子的心灵,进而打开孩子的心门。

班主任首先要善于分析孩子对自己产生对立情绪的原因，检讨一下自己，到底是哪方面不当的言行，哪些事件，导致了孩子对自己情绪上的对立。秉承"山不过来，我就过去"的胸怀，设法打通孩子的心灵之路，该道歉的还是得道歉，该解释的还是要解释，该送礼物弥补还是得送……比如上文中的晴晴，在他的内心最在乎的是40元钱的回归。若不还他这40元钱，他的心里会一直耿耿于怀，对立的情绪依然是会窝在他的内心，那样，班主任对他说任何好话，都将不抵这40元钱的力量。班主任及时把握契机，趁暑假专门上他家家访，告诉孩子，特地来还他的40元钱，让孩子心里觉得班主任很在意他，进而解开了他的心结，他对班主任的对立情绪将自然而然地消融。相反，他的心里暖暖地涌起的是一股感动。

心灵相通的时刻，孩子心门被打开的那一刻，就是班主任放下身姿的那一刻。

4. 不断地正强化
——应对孩子破罐子破摔的行为

 **情景再现**

早晨，我正在批家校联系本，批到嘉嘉那一本，上面的一段话令我触目惊心：

许老师，这孩子每晚回家做作业要做到九点多，不管用什么办法都无效。为了这孩子，我和他奶奶会早死几年，真的，要被他气死了。每晚太揪心了……

早知道嘉嘉这孩子拖拉成性，完成作业速度慢，难驯服，不听从家长的教导，没想到，事态居然如此严重。一位孩子的不懂事居然给家人带来这么大的痛苦和煎熬，作为老师，我肩负着沉甸甸的责任，我有责任也有义务来拯救这个家庭，来拯救这个聪明却已在家失控的孩子，让这个家庭洋溢着快乐与幸福。

 **临场应变**

当天下午，我把嘉嘉悄悄地叫到走廊上。孩子们都在教室里做作业，这里很清静，很适合谈话。我问他："你爸爸昨天晚上给许老师的留言，你读了吗？"他摇摇头说没有。"嘉嘉，你知道当你不乖时，留给你爸爸和奶奶什么样的感受吗？"孩子又一回把头摇得如拨浪鼓。

我拿出嘉嘉的家校联系本，指着他爸爸那潇洒的字迹，读给他听："……我和他奶奶会早死几年，真的，要被他气死了。"

一瞬间，孩子愣住了，并朝我看了一眼，嘴唇一扭动，尴尬的神情写满脸上，那神情落寞且无助。他向来不关注他爸爸每天给我的留言，不知道爸爸每天给我反馈点什么。今天听我这么一读，无疑在他的心海掠过了一阵飓风。

"嘉嘉，你的心里难过吗？看着爸爸的留言，你看看你的不好的表现，带给最爱你的这两个人这么大的伤害啊！"我语重心长地说。"我不知道的。"孩子的声音低沉。

"那你以后一定要好好做哦！不要再让爸爸、奶奶这么操心哦！"我叮嘱他。孩子重重地点了点头。

双休日是嘉嘉最容易出问题的两天。虽然周五放学前已给他发了喜报，但我怕双休时，孩子老毛病重犯，家里亲人又一回处于水深火热之中。周六傍晚，我给嘉嘉爸爸发了一条信息询问孩子的情况。等了好久，没等到回复，我关机休息了。

等我看到时，已是第二天的早晨。

谢谢老师！好得多了，到两点誊抄好作文，所有作业都做好了，明天就是练字和读课外书了。

写作文还是有点吃力，打草稿就一个半小时，但现在的学习态度好得多。再次感谢许老师，早点休息吧！

两条信息。

一看回复时间已近晚上十点了。孩子爸爸妈妈开了一家快餐店，很辛苦，估计这时候才有空闲回复。

看到孩子有进步，我的心里也放下了一块石头。这孩子啊，并非一块顽石。即使是顽石，也会温润地开花。作为一位教育工作者，要有这样的信念。我不由得想起了顾城的《小花的信念》：

　　在山石组成的路上
　浮起一片小花
　她们用金黄的微笑
　来回报石头的冷遇
　　她们相信
　最后，石头也会发芽
　也会粗糙地微笑
　在阳光和树影间
　露出善良的牙齿

"她们用金黄的微笑，来回报石头的冷遇"这两句话，一直盘旋在我的脑海。上课时，我特意表扬他说："嘉嘉啊，口才好，又专喜欢挑难题做，简直就是一位外交家。下面，我们用热烈的掌声请外交家来为大家讲题目。"这孩子受宠若惊，眼睛里开始发光，他捧起了一本《同步练习》，给同学们讲起了题目，读得稍稍有点不顺畅、不流利。那又有什么关系呢？谁的第一次会是那么顺利呢？

现在，我最需要做的，就是拥有小花的信念，然后，想尽一切办法，呼唤孩子的自信心，呼唤他的向上与积极。批阅作文时，发现他的文章《我想象中的未来世界》——打了一个半小时草稿的文章，置身于众多佳作中，很不怎么样。我用眼睛这个扫描仪在他那字如小蚂蚁一般的文章上不停地扫射，竟发现新的东西了：比如，背上了氢气书包，一旦发生交通阻塞，汽车马上会装上会飞的翅膀，飞走了。这些句子想象丰富，值得表扬。为了激发他的写作自信心,点燃他向前的希望,我特意也把他的作文归入优秀作文行列。

"下面我们请外交家嘉嘉为大家朗读他的优秀作文。"已事先朗读过好几遍的他,此刻站到了讲台前面,底气十足,声音里洋溢着自信和兴奋。他用优美的声音开始了动情的朗读,当他读到"一旦发生交通阻塞,汽车马上会装上会飞的翅膀,飞走了",下面传来一阵阵笑声。"孩子们,怎么样?外交家的想象力很丰富吧?"

"真厉害!写得真好!"马上,就有同学这么夸奖他。他拿着我发给他的又一张喜报,开心发自肺腑。

该午睡了,对好动的他而言,实在是一个不小的挑战。"孩子们,我们只有休息好,才能学习好!会休息,与会学习一样,也是一种能力哦!看看嘉嘉这位外交家,已经开始休息了!"我看看已趴在桌子上,铺开小被子准备睡觉的嘉嘉,表扬他。

整整一个中午,孩子睡得香甜。在我的印象中,从没有一回午睡他能表现得这么棒。

接连拿到两张喜报的孩子,下课时,主动来到我的身边,为我捶背。放学了,与我说再见,他特别开心和愉悦。

"嘉嘉爸爸,孩子现在进步中,请多鼓励哦!一定要在写作上多做正面鼓励,不要说泄气和消极的话。孩子一定能进步更快的。"晚上,我想起了海姆·吉诺特的话后,连忙给孩子爸爸发信息。

"知道了,谢谢!他有进步我们也有劲了,前一段时间真是气死了!现在就是要让他坚持下去,明天看他考试考得怎么样。谢谢许老师。"他爸爸回信息。

"孩子的态度好了,考试成绩上去,是时间问题。你们也别太在意考几分。万一他没发挥好,你们更要采用无所谓的态度。他现在最大的困扰就是自信心问题,激发了孩子的自信心,一切就都没有问题了。请多鼓励哦!"我回复。

用小花的信念,给孩子正强化,不停地正强化,让孩子不停地设计自己的内部形象，唤醒他沉睡的自信，最后，石头一定会发芽。正如某天晚上我最后给嘉嘉爸爸的留言："只要我们心中有爱，有鼓励，有期待，孩子肯定会朝着好的方向发展的！"

 **温馨提示**

美国心理学家海姆·吉诺特的话："我惶恐地意识到，我成了教室里的一个决定性因素，我个人的方法可以创造出教室里的情境；我个人的情绪也可以左右教室里的气氛。作为一位老师，我拥有巨大的力量来让孩子们过得痛苦或者快乐。我可以成为折磨孩子的工具，也可以成为鼓舞孩子的火花，我可以带给他们羞辱或者开心，也可以带给他们伤害或拯救。在所有的情况下，一次危机是骤然升级还是逐步化解，一个孩子是获得进步还是日益堕落，我的态度都有着重要的影响。"

确实，班主任的态度影响着每一个孩子的心灵，进而影响着整个家庭的喜与悲。有的孩子，在家处于失控之中，家长根本对孩子无可奈何，一旦孩子出现破罐子破摔的想法，通过拖拉、磨洋工的手段来表现，那对这一个家庭来说，真的是一件很伤神的事情。

苏霍姆林斯基说，每一个孩子在他的内心都是有做好孩子的愿望的。当一个孩子总看不见前进的希望时，他就会抱着无谓的态度来消极抵抗家长与老师对他的督促和教导。面对这样的孩子，班主任首先要做的就是尽力帮助孩子找到自信，加以强化，通过不断地正强化，寻找哪怕最细微的优点，无限地放大，再借助发喜报、与家长信息联系等有效的方式，让这个家庭品尝到孩子前进的喜悦，让孩子看到自己也是一个好孩子，也能品尝到成功的丰收，品味学习的乐趣，在学校生活中拥有一份归属感，这样孩子就会朝着明亮的方向前进的！

5. 培养感恩心理
——应对单亲孩子的复杂心理行为

 **情景再现**

手机铃声响起,一看来电显示,是子涵妈妈。有什么事吗?我连忙按下接听键,"许老师,忙吗?你看看我家子涵,这么不乖,她在责怪我没有给她找个好爸爸,在与我……顶嘴……你看看……这孩子……"电话中,传来子涵妈妈的哭诉,声音满带委屈。

"噢,别哭,别哭,好好讲。"我连忙安慰。原来,母女两人因一点小事,在闹不愉快。一年前,身为建筑公司老板的子涵爸爸在外面与另一女子生了一个男孩,不负责任地离开了母女俩,既不办离婚手续,也不拿出一分抚养费,消失在茫茫人海中了。

子涵妈妈只好独自带着女儿艰辛地生活,她拼命赚着辛苦钱,为了给孩子一个好的学习环境,每个月花1000元钱,让她寄住在一个老师家,自己拼死拼活不分白天黑夜地赚钱。

看着同龄人都享受着爸爸妈妈的爱,子涵内心有着同龄孩子所不能承载的痛。因为爸爸在的时候,给孩子买东西花钱很舍得。爸爸的离开使孩子的挥霍行为受到了一定的限制。在她的内心,一方面既有对父爱的渴望,对父亲的愤恨,还有对妈妈深深的爱,以及对妈妈的怨恨,有时会觉得是妈妈无能,她没本事留住爸爸的身。虽然妈妈含辛茹苦带着她,但许多时候,她根本不领妈妈的情。同龄人所拥有的物质条件,她也要妈妈竭尽其力让她拥有。

唉,这一个可爱可怜又有点可恨的九岁小女孩啊。

 **临场应变**

"子涵妈妈，不要着急哦，你先不要去理她，不管怎么说，她还是一个孩子，你就别与她计较了。我会好好教育她。"我在电话中安慰着妈妈。

在我的要求之下，子涵接过了妈妈的手机。"子涵，你好！"我问候她。

"许老师，您好！"电话那头，传来子涵的抽噎声。

"子涵，都说女儿是妈妈的贴心小棉袄，你怎么在与妈妈吵架？你的这些话，可深深伤害了妈妈的心哦！"我对她说。

"许老师，我本来心情就不好，妈妈嫌我这不好，那不好，我一气，就说出了那样的话。"孩子低声说。

"噢，许老师理解你的心，知道你心里的痛。但是，妈妈这样每天起早摸黑地干活，还不都是为了你吗？你要站在妈妈的角度多想想啊！"我劝道。

"知道了，许老师，我错了，我会向妈妈道歉的。"孩子说。我又安慰了子涵的妈妈几句，就放下了电话。

这一幕情景一直在我的脑海中浮现。现在最大的问题，就是孩子觉得自己是世界上最可怜的人，她抱怨妈妈没能给她找一个好爸爸，对妈妈产生了一种藐视、恼怒的心理。该怎么来消融她对妈妈的藐视，感受到自己的幸福呢？我不由得想起了三天前，我听取了502班的一节主题中队活动"学会感恩，与爱同行"的试教课，那位可爱的女主持人是一个父母双亡的孤儿，但是，她依然在感恩这个社会，感恩老师和同学。活动中，还有502班部分同学参观福利院的幕幕感人的场景……明天正好是此主题中队活动的观摩课，学校要求每个班的班主任和中队长、班长都去观摩，要不，我叫上子涵吧。许多时候，语言的安慰显得那么苍白和无力，让孩子自己去感知，自己去触动，唤醒孩子潜在的感恩心理，会比老师的千万句说教更有力量。

要去观摩活动了，我当着全班同学不露痕迹地说："本次观摩活动，许老师还将带上子涵一起去，她的普通话标准，以后我班搞活动，她或许还要做主持人。"在全班同学羡慕的眼光中，她离开了教室，来到了活动现场。

当活动进行到大屏幕滚动播放502中队师生看望福利院孩子的情景，当那位女主持人声泪俱下地说，半年前，爸爸妈妈离开了我，我独自一人学会了烧饭、洗衣……我偷偷地看看坐在我旁边的子涵，只见她泪流满面，哭得稀里哗啦。我连忙握住了她的手，"子涵，你看，婷婷姐姐是个孤儿，但她与福利院的残疾儿童相比，依然觉得自己很幸福，依然在感恩所有给她关爱的人，你比她幸福多了，至少你还有妈妈，她这样关爱着你，你要懂得感恩啊！"孩子边流泪边不停地点头，她的心海上犹如掠过了十二级飓风。

观摩活动结束后，我把沈婷婷的事迹，在全班孩子中好好地宣讲了一番，号召全班孩子向沈婷婷姐姐学习，学习她的自立自强，学习她的懂得感恩。我又找来了我们桐乡市的"省十佳好少年"张美婷姐姐的先进事迹读给全班同学听，这个孩子从九岁开始就每天照顾生病的妈妈，且学习成绩相当优异。当我读的时候，我看到子涵的眼圈一直红红的。

"'学会感恩，与爱同行'，许老师，谢谢您！谢谢您带我听了这节班队课，让我知道了这世界上还有许多比我更可怜的人。听了张美婷姐姐的事迹，我很惭愧。我的妈妈这么疼爱我，老师、同学这么关爱我，我还有什么理由抱怨这个世界呢。从此以后，我一定要做个让妈妈舒心的好女儿，让您放心的好学生……"孩子在作业本中夹了一封信，写上了她的肺腑之言。

后来，她妈妈向我反馈，她比原来懂事了许多，不再与妈妈顶嘴，许多时候，会帮妈妈承担一些家务，开始懂得感恩的子涵，让妈妈的脸上挂上了欣慰的笑容。

 **温馨提示**

随着社会的发展，离婚率持续居高不下，特别是一些经济发达地区，一个班级，不少于10个孩子属单亲家庭或是再婚家庭，这已是一个不小的群体了，不能不引起我们班主任的分外重视。

一般而言，单亲家庭出来的孩子，心理状况与正常家庭出来的孩子相比，较复杂，他们敏感、多疑、孤独无助，部分孩子较孤僻和封闭，特别是孩子已懂事后父母再离婚，曾享受过父（母）爱的孩子，父母离婚后，孩子的心理更为复杂，他会因失去某一方家长的爱而异常地渴望这一方的爱，进而迁怒于与他生活的另一方家长，或者离开他的那一方。小小年纪承载着爱恨交加的心理，进而对父（母）产生一些过激的行为，这实在也是一种可以理解的行为。

班主任要善于洞察单亲家庭里孩子的复杂心理，多劝慰孩子，多带领孩子参加班级的一些有意义的活动，培养他阳光、开朗的性格。当他对父（母）有了过激的行为时，班主任要善于挖掘资源，寻找身边自强自立的小榜样，并让他明白，这世界上还有许多比他更可怜，但依然奋斗着、前进着的同龄人。他会从自立的榜样身上汲取前进的力量，做自己命运的主人，进而感恩这个世界，感恩身边的每一个人，感恩爸爸妈妈给予他生命……在不断的感恩中，他会感激现在所拥有的幸福，拥有健康向上的心理。

6. 沟通无极限
——应对孩子不接受继父（母）的行为

 **情景再现**

"许老师，小历她不吃饭。"我刚走进教室，立刻有孩子告诉我。原来分饭时，小历偷偷地在做数学，班长因此记下了她的名字。她在闹情绪，不吃饭。

我知道她闹情绪的真正原因：她总不接受她的继母，与继母之间有着说不清道不明的恩怨。她的坏脾气许多时候，就缘自这里。

"我没做。"她边流泪边大声喊。当她的同桌确认她做了时，她只能狡辩："我就是没做，没做就没做。"她腾地一下站了起来，啪地敲了桌子，一副凶神恶煞的样子。

 **临场应变**

"你怎么回事？以前不是这样的啊，看你今天的样子，敲桌子的态度，很老练。你经常敲吧？"我不露声色地问。

"嗯，是的，有五六次了吧。"做"贼"心虚的她声音小了下来。

"哎呀！你今天的表现倒把同学吓坏了，这对你成长不利啊。你怎么回事呢？有事情吗？"我决定先攻她的心。

"嗯，我都好几天没看见我爸爸了，昨天他又打我，用脚来踢我，我心情特别差，总想发脾气。"她低下头说。

"噢，这样啊，你爸爸在干什么呢？你阿姨（继母）在吗？"我询问。

"我爸爸经常在棋牌室，阿姨有时候也去的，家里总是只有我一个人，我很没劲的。"这时的她已没了刚才的嚣张。

我拿给她一张电话卡，让她与家长联系。没一会儿，电话打通了，她一把眼泪一把鼻涕地对她爸爸说："爸爸，老师叫你来学校一趟。"我连忙接过话筒，与她爸爸简短地说明了一下，他答应马上来。

"小历，我与你阿姨接触了一年多了，我觉得她是最好的继母了，这么关心你，你应该感到很幸福。"前段时间，我曾与她谈心，她告诉我，与继母关系不好，她不接受阿姨，她爸爸曾因阿姨欠下了几万元的债，她心里一直耿耿于怀。记得当时我告诉她："你爸爸都不计较的事，你作为小辈计较什么。"她当时好像顿悟了。

当我又重复提起时，她自言自语地说："我就是不接受她。"原来，她一直恼恨阿姨把他爸爸对她的爱夺走了，她说，有阿姨在的一天，就没有她的好心情。

"那好，等一下你阿姨和你爸爸都来，我要把这些话讲给他们听，怎么样？"我询问她的意见。"没关系，您讲好了。"此刻的她，已如一只绵羊般温顺。

她先去吃饭了。

她爸爸和阿姨来了。我连忙把事情的前因后果说给家长听。她阿姨坐在我前面，直摇头，"许老师，不瞒你说，小历在家里，有时候我要朝她磕头作揖，真拿她没办法。"当我问起他爸爸是否打过她时，他说已经好久没打她了。家长很无奈地向我数说孩子在家如男孩般的吵闹，花钱厉害。我告诉他们，孩子的进步是很快的，我从四年级接手到现在，看着她一天比一天进步，关键是他们与她沟通太少，很少去关注她的心灵，不知道她的心里在想什么。她阿姨说："这孩子喜欢与他爸爸在一起，可在一起也没什么话可说的，我不知她在想什么。"

聊着聊着，我很直率地对她爸爸和阿姨说："小历她说了，她不接受阿姨。说阿姨使他爸爸欠了几万元债。我当时做了思想工作，也做通了。不知怎么回事，今天她又告诉我心里就是不接受阿姨。"

"唉，我们俩接触四年多了，在一起几乎没什么话。"谁都知道，重新组合的家庭，孩子不接受继母是导致家庭不和谐的起因。阿姨的话她

总是不听，没办法了，只能求助于老公。老公又能怎么样呢？阿姨说着说着，眼泪汪汪的。

我叮嘱爸爸以后多陪陪孩子，尽量少去棋牌室，多关心关心她。至于孩子，我会找她谈心的，她还是愿意对我坦陈她的心事的。

爸爸和阿姨走了，我和小历开始了推心置腹的谈话。她告诉我，她想去找妈妈，这世界上亲生母亲是最好的。原来她曾有过离家出走的念头。我分析给她听：妈妈四岁的时候就不要你，抛下你走了，你说现在还会要你吗？而且，就算妈妈要你，新爸爸会要你吗？倘若在路上，被拐子骗走了，那你小小年纪就要在穷苦的山区生孩子，干农活，到时，你哭死都来不及了。

英语老师说："小历，陈老师教了十来年书了，几千位家长里，只有你阿姨给我发了一则信息，这样重视你的后妈比自己亲生的妈妈还要好，你别不珍惜。"

"小历，你怎么可以如此的自私？你需要你爸爸来陪你，那你爸爸需要你阿姨来陪啊。做人怎么可以如此自私呢？"数学老师指责着她。我们办公室里的所有老师都劝导她，一起耐心地分析给她听。

"小历，你这样不接受你阿姨，你自己说说看，你的心情快乐吗？"我问她。

"不快乐！"她皱着眉头说。

"为什么活着要给自己找不快乐呢？你刚才听老师们都分析过了，找你妈妈是不可能的，而且你爸爸又很爱你阿姨的，不会为了你放弃她的，那你现在已没有退路了，只有跟你阿姨好。你为什么不给自己找快乐呢？你试着坦然接受你阿姨看看，你肯定会快乐。而且，你若接受她，给她温暖，她肯定会更加对你好。"此刻，孩子似乎明白了，不停地点头。

"我们不是刚学过《爱心树》吗？你就如那个孩子那样，不停地索取，而你阿姨一直如那棵大树一样在不停地给予，你觉得你的行为好不好？"她很不好意思地低着头。

"山不过来，我就过去，首先来改变自己。愿意吗？从今天开始，给自己寻找快乐，每天给阿姨做三件事，并且主动叫妈妈，行不行？"

"行！一定行！"孩子在我的开导下，豁然开朗。她说自己彻底想通了。

"那你准备一本爱心记录本，每天记录你给阿姨做的三件事，看看你和阿姨之间有什么变化好吗？"孩子乐滋滋地离开了。

此后，每天我在班上要做的第一件事，就是问问小历，并看看她的爱心记录本。她喜悦地告诉我，那天回去就喊继母"妈妈"了，继母特别开心，对她特别好。孩子如数家珍地经常与我谈论她的继母，数说着母女俩的温馨和谐。

不久，我收到了她继母的一封信：

新的一年来临了，我希望一切不愉快的事和她不好的习惯都随着2006年过去。自从上次小历在学校里发生事情之后，我觉得她现在在家里要听话多了，家务也做了，眼睛也会看事了。有时候她看见我们大人很忙，她就会问我们要不要帮忙。她也知道整理房间了，有什么事都和我们说，现在在家里的脾气比以前好多了，也知道我上班的辛苦。有时候还不停地问我累不累，我当时真的很感动。她现在开始叫我妈妈了，这全是你许老师的功劳。我要的这个称呼是要她从心底里发出来的。她上次说不能接受我，我现在问她，她对我说："我以前是不能接受，现在不是了。"我感到非常幸福。希望我们能永远和睦。最后我祝你新年快乐！永远年轻漂亮。"

 温馨提示

当今社会，"离婚"已不再是一个新名词。再婚组合的家庭的孩子在一个班级的占有率越来越高。继父（母）与孩子的相处问题，离婚带给孩子的心理问题，常常通过孩子的某些暴躁、过激的行为，露出端倪。

作为一位班主任，首先要在班级中给每一个孩子建立档案，通过家访、谈话、与家长沟通、填写家庭资料表等手段，了解每一个孩子的家庭具体情况，若是再婚家庭，平时应该多与孩子沟通，多关注孩子的习作、日记、平时的表现，进而关注孩子的内心，明察秋毫，了解孩子与继父（母）相处是否和谐。

若察觉彼此相处不够和谐，可以通过孩子的父母、继父母之口，来了解孩子与继父母的真实相处情况。平时多加强与孩子之间的沟通，了解孩子心里最真实的想法。因为每一个孩子不接受其继父（母），总有孩子内心的想法，但孩子的眼光、思路、想法有一定的局限性或有些偏激。平时班主任要多与孩子进行沟通，要特别善于观察分析孩子的言行。当孩子的心理不够健康时，班主任可抓住某个机会，把父母、孩子找来，坐下来，开诚布公地谈谈隔阂与芥蒂的由来，并建议继父（母）平时注意与孩子沟通的方式。

在此基础上，班主任应经常找孩子谈心，因势利导，从孩子的角度，站在孩子的立场去分析，用轻声细语融化它，用谆谆善诱开导它，用爱心悉心剖析它，努力去解开孩子内心那个纤细的蝴蝶结。

散结之刻，婆娑飘逸处，将洋溢着世间的温馨和美丽。

7. 给自己找个台阶
——应对孩子让你难堪的行为

 **情景再现**

秋老虎的余威肆虐，高温侵袭，忙乱的收费后，在新接任的五年级班，开始了我昨天布置的自我介绍。

"你们准备好了自我介绍吗？"寥寥几只手，扑面而来一阵凉意。"想上来发言的自己上来，这不用老师请了吧？"姜伊凡举起了手，拿着本子，走到了上面，看得出她是有备而来的。

小女孩言辞诚恳，情真意切，是她的肺腑之言。可惜，大伙儿没紧跟而至。偌大的教室开始了沉寂，你看看我，我瞅瞅你，孩子们处于观望状态。我没料到，会出现如此窘迫的场面。新组建的班级，没有一丝儿生机，少了以往的亲切和谐。

"怎么样？按照顺序轮流吧？"看着静默的教室，我的建议得到了附和。

一个个孩子按照座位从前到后，开始了一分钟自我介绍。

"哇，施熠韬一上台，就有一种博士风范。"戴着眼镜，胖胖的施熠韬嬉笑着下去了。"嘀，刘越峰一上台，就有一种将军气质。"那小男孩笑得合不拢嘴。"咳，戴坚强一站在讲台边，就有一种——明星风采。"我故意拖长了调子。听着我的喝彩，孩子们的笑脸如鲜花般灿烂。

良好的开端是成功的一半，我希望我真诚的表扬能带给他们一个新的开始。"噢，声音这么小。新南小学盛产蚊子吗？""哗"的一下，孩子们都笑了。所讲之人，慢慢把声音放大。"别急，别急，我来猜猜，这只小蚊子来自新南（小学）还是稻乐（小学）呢？"我故弄"玄虚"和调侃，引起了一次又一次的笑声。此刻，教室里弥漫着温馨和快乐，已没有了原先的拘束。

一波未平，一波又起，事情进展没有那么顺利，王峰介绍完之后，该轮到一位胖胖的高大的男孩，他竟纹丝不动。"喂，轮到你了。"前面的同学几次对他说，可他依然不动。

 **临场应变**

糟了，莫非又遇到"钉子户"了？我脑中快速思考着。对付这一类孩子，第一回见面，可一定不能蛮干，要巧干。

我边想着边快速地走到他身边，轻轻地拉拉他，示意他快点站起来讲。可他稳如泰山，坐在座位上，脸红红的，丝毫不理会我这位班主任。

"那你等一下,最后一个讲,好不好?"我先给自己一个台阶下,也不见他点头,更不见他摇头。

"噢,没事,我们先让这位同学精心酝酿一下,大家继续讲。"我朝他后面的同学说。

孩子们一个一个讲完了。

又该轮到他了。"这下,这位同学应该酝酿好了吧,可以上来讲了吗?我们给他送上热烈的掌声。"我拼命煽动。孩子们一阵噼里啪啦的掌声,他依然稳稳地坐着。任凭我怎么鼓动,他根本就不把我这班主任放在眼里,低着头,红着脸,坐在座位上,没一点站起来的动向。

全班孩子的眼睛如聚光灯一般看着我。这时,他原来的同班同学,一位长着圆圆脸的小男孩说:"他是这样的,我们在新南小学的时候,他上课的时候从来不说话的,课文也不读的。""那下课的时候呢?"我紧接着问。"下课了,说得响的。"此刻,我的第一感觉就是,可能这孩子心里有阴影。

我压抑住心头的火,"你愿意给大家做自我介绍吗?"我轻声询问。他轻轻地摇了摇头。"噢,不愿意呀,没关系的。那今天我们就不强求你了。"

"他成绩很差的!"不知他的哪一位好心同学高声告诉我。"成绩差吗?"我连忙走到讲台上拿起那张分班的单子(上面正好有成绩)看了起来。陈鑫炜,语文87,数学85(语、数考卷满分都是110分),英语31,科学47。他的确属于学习困难户。

苏霍姆林斯基说:"教师最细致、最艰巨的任务之一,就是爱护并发展孩子的自尊感。"为了保护他的自尊,我连忙说:"成绩不差,还可以的呀。语文87了,怎么可以说差呢。根据许老师的经验,这位同学一看就是那种很善良、很淳朴的乖宝宝。从五年级开始,他将会有一种脱胎换骨的变化。不信,我们一起来拭目以待。今天他不介绍,总有一天他会响亮地介绍给大家听。"我说得特别诚恳。

那孩子的眉头渐渐舒展了,黑黑的脸上洋溢着灿烂。放学了,他走过讲台边,如花一般朝我微笑。"陈鑫炜,你五年级肯定有一个新的开始,以后一定会给同学们一个惊喜的。对不对?"我笑着拉住了他。

"嗯,是的。我会给同学们介绍的。"孩子重重地点了点头。不是很清晰的口齿。噢,我恍然大悟,恍然明白他不愿当众说话的缘由。

 温馨提示

跨进新时代,由于各种社会原因和家庭原因,现在的孩子已不再如过去一般,把老师置放于一个神坛,对你言听计从,毕恭毕敬。一不小心,班主任就会遭遇一些难堪的下不了台的局面。某些时刻,我们的孩子会把班主任顶在一根枪杆上,班主任搞不好就容易走火。

面对孩子给你的难堪,班主任不要太在意自己的师道尊严,要学会给自己台阶下。与孩子硬来,最终受伤的将是我们班主任自己。解放思想,实事求是,这是毛泽东给我们的教导。我们班主任要卸下包袱,当难堪袭来,要学会在孩子们面前自我解嘲,顺势寻找台阶,给自己留条后路。如上文中的孩子,他真的不愿意做自我介绍,肯定是有他的原因,班主任不要因为维护自己的面子,觉得在全班同学面前丢不起这个脸,非逼迫他讲不可,那样的结果,只能是两败俱伤。

苏霍姆林斯基说:"教育,犹如接触玫瑰花瓣上晶莹剔透的露珠一样,需要世界上最细致的技艺。"最细致的技艺里就包括先把这位孩子给你的难堪放下,放大孩子点滴的优点,以鼓励、期待的方式,对孩子提出一点要求,让孩子觉得你这位班主任是一位可亲、可敬的引路人。

教育是一个循序渐进的过程,来日方长。在以后的日子里,班主任这一回交手上暂时的退,带给你的将是长久的进。因为,你已攻下了孩子的心。

8. 给孩子一个舞台
——应对孩子胆子太小的行为

 **情景再现**

本周又轮到我班国旗下讲话了。尽管副校长叮嘱，本周要进行二星级督导评估，国旗下讲话准备要充分一些。

我决定把本次的机会给她——义无反顾地给她。她就是来自安徽的凯洁，她的认真和聪明，在我班上是出了名的。她品学兼优，踏实勤奋，学习成绩在我班甚至年级中数一数二，写作、奥数、英语样样好，美术更是出类拔萃，常常在桐乡市获奖。可就是这么一个优秀的女孩，缺乏自信，胆小和内敛。上课不敢积极发言，说话如蚊子一样哼哼，更别谈什么语感了。但凡她一站到讲台上，说着说着就会双眼通红，眼泪不由自主地盈满眼眶，宛如一只可怜巴巴的小兔子，无辜地望着下面的观众。

自从五年级我开始接任她的班主任以来，我并没有沉浸在她学习成绩优异的喜悦中，时常在内心为她担忧，如此不善言说的孩子，将来不是会被社会所淘汰吗？

我让她不断地挑战自我，鼓励她，告诫她，倘若语言表达能力不够，当众不敢言说，即便你考上优秀的大学，将来也将会失去许多的机会。我也常常把这个情况反馈给她的妈妈，让她妈妈重视孩子的口头表达能力。我常对她和她妈妈说，一个人的胆量，甚至比孩子的成绩更为重要。

家长意识到了，孩子意识到了，一次次地努力。渐渐地，她上课举手的次数多了，说话的声音比原来也大了一些，五年级时甚至还敢来报名进行主持人的竞选了。她曾在日记中说，淘汰是必然的，可是我敢去

第一章 应对孩子的心理问题

报名了，那就迈出了勇敢的第一步。

孩子在不断的趋步趋行中前进，的确，与她自己比，一天比一天进步了，可是她与其他的孩子比，依然逊色。梅须逊雪三分白，雪却输梅一段香，我常感慨每个人都有自己的长处和短处。学业成绩如此优秀的凯洁，却如此胆怯，该怎么来克服孩子的胆怯，让她大胆地展示自己呢？

我决定把机会义无反顾地给她。给她这个机会，我多了一点点的压力。

放学后，我多次把她找到办公室里单独训练，可她一开口，失望总是盘旋而来，声音那么小，放不开，每个字的速度一样。几次后，我忍不住地批评："啊？你怎么回事啊？怎么连停顿都不知道啊？"常常是我读一句，她跟一句，还是读不好。声音亮不出，缺乏朗读的抑扬顿挫的技巧。有一次，她甚至打了退堂鼓，"许老师，我不行的。"我斩钉截铁地告诉她："别轻易退出，若这次机会不把握住，那以后就很难找到机会了。命运总是垂青有准备之人。"我让她回家去对着镜子反复地训练，一定要把握好机会。她重重地点了点头。

周一的那天早上，在学校门口的红绿灯那儿，我看见了凯洁的妈妈，她送小女儿上幼儿园。她老远就向我打招呼。我们谈到了孩子的朗读能力，她妈妈说，她在家努力地训练了，不知今天会发挥得怎么样。还说自己小时候把她管得太严了，造成了孩子的胆子小。同时也谢谢我给孩子这么一次机会。她对自己的孩子说，若不读好，那就太对不起许老师了。

到了教室里，我让她朗读一遍给同学听，发现她在家的确如她妈妈所说，努力地练习了，与周五傍晚比，有了明显的进步。我鼓励了她，叮嘱她，等一下真正开始朗读时，自己要学会听喇叭里的声音，控制好速度。

她怀揣着我对她的希冀，走上了台。

她上台了，速度还是略慢了一点，如温吞水一般，整体感觉不理想。

 **临场应变**

我在内心里禁不住暗暗想,无论她读得怎么样,我都要去热烈表扬她。

我一看见她,连忙称赞:"呵呵,你看,讲得很好啊!倘若退出了,能尝到这种成功的喜悦吗?"孩子听了我的话,甜甜地笑了。

单靠我的表扬,缺乏力度,该找谁来接着表扬她,扬起她前进的风帆呢?我一直在思考。前天,正好接到美术老师的电话,让凯洁和佳睿去美术室画画。我灵机一动,突然想到,每天教她画画的美术老师若能表扬她,那她肯定会分外愉悦的。我给美术老师表达了我的意思,希望她能鼓励一下凯洁,夸夸她那天国旗下讲话的出色。美术老师曾听我说起过她的胆小,知道了我是在锻炼她,连忙答应了。

这不,这两天,孩子在朗读课文、晨诵、上课发言时,一副自信满满的样子,整个人精神焕发,意气昂扬。我知道,她将开始走上腾飞的、自信的道路。

请阅读她的日记:

12月6日　星期四　雨转阴

每次上语文课,我总是异常兴奋,因为那次讲话,充实了我的内心。

12月3日,星期一,我挺起了背,踏上了学校的司令台,那是一个令人向往的地方。那天我站在上面,望着眼皮下这么多的同学和老师,不免有点紧张。

待同学们唱完校歌后,我庄重地敬了一个队礼,望着下面的观众,我首先致以问候:"各位老师,各位同学,大家早上好!我是601班的姚凯洁,今天,我国旗下讲话的内容是:不以规矩,不成方圆。"我的声音自信起来,只是面对着话筒,播音器的旋律听不太清楚,有时差点读错。

读完了,走下司令台的时候,我悄悄地问朱老师(大队辅导员):"朱老师，我读得怎么样？"朱老师说："挺好的！"

田家福也说："挺好的！"但也有同学说不好听，或许真的不好听，或许很好。总之，我尽力了。

第二天一早，许老师说我讲得蛮好的，蔡老师也夸了我几句。我真正感受到了成功的喜悦。正如许老师所说，如果当初我放弃了，那将什么也不能收获，但我珍惜了，尝试了，也就离胜利不远了。

这喜悦中，有我自己的汗水和自信，也要感谢许老师。首先是许老师给了我这次机会。妈妈也说，这次是许老师偏心，把这么重要的事情交给了我，要我一定好好地珍惜。其次，许老师一句一句地指导了我朗读。其实，我心里明白，班上朗诵比我好的同学多得是。

许老师，谢谢您！

我的评语：

你已经迈出了成功的第一步了，相信你从此之后，踏在自信的康庄大道上，努力奋发，你的前途会越来越光明，越来越辉煌！你精彩极了！

 温馨提示

寸有所短，尺有所长，每一个孩子都有其擅长之处。担任班主任久了，就能发现，在班上，总有那么几个孩子，胆子很小，语言表达能力不强，自我表现欲望低下。

面对胆怯的孩子，作为班主任，首先要改变观念，改掉唯成绩为重的思想。教孩子三年，替孩子着想三十年。一个孩子，其大胆言说的能力，口头表达能力的强弱，将影响孩子的终极发展能力。

鉴于这样的思索，面对胆怯的孩子，班主任一定要创设机会，大胆地启用他，解除孩子内心的心结，给他搭建一些相对较大的舞台，让孩子从中找到自信，看到自己前进的脚步。

班主任要事先带领孩子多做一些训练，让他能从容沉稳地踏上大舞台，有的放矢地展现他原本潜在的那种能力。

孩子已经努力过了，即便他讲得一般，展示的效果没有达到理想的状态，班主任也切忌批评孩子，要想方设法鼓励他，非但要亲自表扬他，最好还能如上文所提到的那样，再找几个孩子信得过的老师和同伴，不露痕迹地去表扬他，让他觉得那天的表现，是一种突破，是一种展示，更是一种精彩。由此，让他看到自己身上原本潜在的能力，让他品尝到成功的喜悦。如此一来，孩子的胆怯心理将自然而然地消除。

相信孩子，你能行。

9. 树一个榜样
——应对好学生的自私、嫉妒心理

 **情景再现**

正当我坐在办公室里时，3班的陆晓芳给我看了一张扣分的纸条：陆志宏和陈超在唱歌回来时，因打架而踩草坪被扣1分。

这两个男生可是我班一等一的好同学，怎么会打架呢？他们不是好朋友吗？

正好下午第一节课是我的，我进去询问他们后，证实扣分的确是因吵架而起。

我请他们说原因，他俩愣在那里不做声。我再次命令，他们支吾着说不清楚。后来，陈超说，陆志宏扬言要让卢秋阳找十个人来揍他。我找来卢秋阳问是怎么回事。卢秋阳说，陆志宏从上周五开始，一直在说陈超的坏话，什么最讨陈超厌，最看不惯陈超之类的。

听到这里，我一看陆志宏如关公一般的脸，恍然明白——本次打架绝非陈超被骂一句如此简单，背后是有原因的，肯定与本次大合唱的指挥有关。最近学校有一个孝道歌曲大合唱比赛，每班需要一位指挥。按照真正的能力和水平，的确该轮到陆志宏，可这孩子出头露面的机会一直很多，风头足。再说，他在主持市中队活动时，不够用心，每次正式上演几乎都要出一些小错误，也该让他好好反思一下了。陈超乐感很好，给他个机会也未尝不可。

出于这样的考虑，我在上周五时叮嘱音乐老师让陈超指挥。陈超指挥得相当好。于是，陆志宏怀恨在心，鼓动最近一直巴结他的卢秋阳在同学面前说陈超的坏话，动不动就说要揍他。（这些我是在事后才了解到的。）没想到这一回陆志宏没轮到指挥，非但没好好查找自身原因，而是动起了"花花肠子"，变相在找陈超的茬。

不可否认，陆志宏是一个聪明的孩子，反应快，动作敏捷，背诗多，见识广，又全面发展，可这个孩子的"德"存在偏颇：自私，狭隘，妒忌心强，容不得别人比他好。五年级时，他自己的英语考卷不见了，就偷偷擦去陈超的名字，把他的拿了；偷偷指挥别的同学去打架；仗着自己成绩好，使唤同学帮助他搬自己的自行车……一桩桩，一件件，不停地在我眼前浮现……

临场应变

怎么办？

我把他先叫进办公室，问他此次吵架是否与指挥有关，是否是自私心在作祟。他轻声否认说不是。我为了灭灭他的威风，故意当着老师们的面，大声地教育他。

"啊？陆志宏是好学生，怎么也这么不乖了啊？"办公室里的老师们都纳闷起来，纷纷问着。

我看他张开嘴巴，一副欲说还休的样子，就把事情的来龙去脉给大家说了一番，全办公室的老师纷纷表示惊讶。此刻，科学老师也来说陆志宏上次指使同学打架的事。我索性把他如何不够磊落的事，坦然告诉了老师们。老师们纷纷劝导着他，好学生不应该这样，你这样做前途将是一片黑暗。

听了这么多老师的劝导，他不好意思地低着头。

"你这样，即便你将来考上清华、北大也没有用。你看看刘备，他为什么能够让那么多比他更为优秀的人死心踏地？"我问陆志宏。《三国演义》是他最爱看的书。我让他分析人物刘备——他武功不及张飞、关羽，才智不比诸葛亮，为什么这些能人贤士却一个个愿意为他出生入死呢？

最后，我与他一起总结：刘备的君王之才来自他的德——德才兼备，德高望重，以德服人。我的这一总结，如点点涟漪，在他的心海上泛起朵朵浪花。

"品学兼优，品在前面，学在后面，德才兼备，德在才的前面。你成绩好有什么用？这么自私与狭隘……"听着我批评的话，他的眼泪开始如珍珠般一颗一颗往下掉，也开始对自己的自私、妒忌心坦承不讳。我告诉他，不要聪明反被聪明误，心胸宽广天地高，将来要走的路还很长，明年要到六中或求是中学读书，比你优秀的人比比皆是，轮不到你唱主角的事情会很多很多，那该怎么办？他的头不停地点着，说自己已经认识到错误了。

放学后，我又找来了陈超，询问他该如何避免与好友的纷争。他明明感觉到了陆志宏是在嫉妒他，作为好朋友，就该告诉陆志宏，"本次的指挥是许老师决定的，由不了我的，你的确水平比我高，我要向你学习。"我告诉他，倘若他能够开诚布公地向陆志宏说明，或及时反映情况，让我这位班主任做思想工作，就可以避免本次纷争了。他听得连连点头。

第二天一早，我办公桌上堆着这俩孩子500字的说明书。说明书写得情理并茂，深刻检讨着自己的错误。特别是陆志宏，他从自己的自私、嫉妒心开始谈，又谈到刘备的"德"，尖刻地检讨自己的思想，让人为之动容。

某一天，我偶然发现陆志宏的文具盒里放着这么一张纸条，上面写着这么几个字：刘备的德，我具有了吗？

 **温馨提示**

　　什么是人才？德才兼备方是有为的人才。但是，许多时候，我们的教育制度评价孩子的方式比较单一，唯成绩为重，唯才华为重，在冷冰冰的高考、中考的制度下，德育许多时候变成了一种虚无缥缈的口号。标签式的呼唤，让德育处于一种尴尬的境地。

　　尽管一个人的力量比较薄弱，但是，我们班主任应该有这样的意识，为祖国培养人才的意识，学生不仅要有才，更要具备德。有一位教育家曾说，学习不好是次品，身体不好是废品，思想不好是危险品。我们班主任要关注每一个"危险品"。

　　在成绩好这一彩衣下，相当一部分所谓的优秀的孩子，在光彩的成绩背后，思想并没有如他的成绩般闪亮，他忍受不了别人比他优秀，他忍受不了一些出头露面的机会轮不到他，于是，在这光彩成绩的背后，有着许多类似嫉妒、自私的行为。

　　作为班主任，平时要睁大眼睛，关注这些传统意义上的好学生，关注他们的心理，并能给他们的心里立上一个典型的德才兼备的榜样，这个榜样，要他熟悉并崇拜，比如上文中的刘备，是一个德才兼备的大哥，他胸襟宽阔，光明磊落，使得众人皆愿为他赴汤蹈火；比如现在的孩子都喜欢的超女李宇春爱做善事；比如周杰伦非常勤奋……

　　刘备的德，我具有了吗？当这些孩子开始扪心自问的时候，也就进入教育的最高境界——自我教育了。

10. 开沟引渠
——应对孩子不珍爱生命的行为

 **情景再现**

早晨，在食堂，我听见学校的蔡书记问我，你班上是否有一个学生从楼上摔了下来？我一听惊在那里！谁啊？我怎么不知道啊？

后来想一想，既然蔡书记这么问，肯定是无风不起浪。想着想着，我想到刚来请假的娇娇。她请假一个月，说摔了一跤，需卧床一两个月。到底是什么原因，家长也没细细告诉我。我开始细细回想：难怪，那天晚上她爸爸打电话给我说孩子要请假看病时，我询问病情，他竟委婉地对我说以后再告诉，难怪那天她妈妈来接她回家时，支支吾吾说不出孩子摔跤的原因。

事有蹊跷。

 临场应变

我赶紧找她的干妈——我的一位同事，向她了解第一手资料。谁知，她干妈也说不太清楚。我叮嘱她到她娘家了解最真实的消息。

第二天，她干妈告诉我了，孩子在家很懒惰，表现差劲，颇有点好吃懒做。让她干活总不高兴，某天与妈妈吵架，没多少文化的妈妈又说了口头禅"你去死吧！"，她就当真站到了二楼栏杆上，一脚踩空，掉了下来。所幸，孩子没大碍，只是腰上有一点点受伤，需卧硬板床两个月。

为保护一个11岁小姑娘的自尊，我不在任何场合谈起此事。我陷入了沉思：当孩子摔下来的那一刻，孩子妈妈心里一定充满了后悔，世界上哪一位妈妈不爱自己的孩子啊,只是妈妈爱孩子的表达方式不对而已。

作为班主任的我,该给孩子捎上温暖。我心里一直记挂着要去看望她。虽然复习繁忙,不认识路,但是,我依然约定和几个孩子去看望她。

为了给她一个惊喜,我让每个孩子在小纸条上写几句话给她,瞧,一个个写得多真挚:

同学,你在家还好吗?身体怎么样了?你不在,我好想念你啊。希望你好好养病,早一点来到我们中间。

——你的同学 姚雪萍

你是一个乐于助人的小女孩,你的笑容,时刻浮现在我的眼前。期盼着你早一点康复!寒假快乐!

——姜伊凡

……

我调好课,捎上53位同学对她殷殷的问候语和可爱的宁宁,带上认路的晨晨一起骑着自行车出发了。我们先去超市买了一个大礼包,又去买了一串香蕉,骑着自行车向目的地驶去。

出了城,沿着宽敞的公路,一直不停地往前骑。气温是超乎寻常的高,没有一丝冬天的寒冷,没多长时间,竟沁出汗珠来了。蹬到飞马处,再往北骑,我的腿已开始发胀。"晨晨,到了吗?""还没呢!""晨晨,到了吗?""还没呢!"我和宁宁一刻不停地在问。拐过两个弯,是茫茫的田野,杂草丛生,看着四处的村庄,我想应该到了吧,可晨晨总是告诉我说,还看不见呢。我一直不停地想:哎呀!真是可怜,这些孩子上学这么远啊。

好不容易,又拐过一个弯,往前骑了500米,晨晨说:前面那个村就是了。我们冲下小坡,骑到一幢三层楼房前面停下。我一看时间,整整骑了半个小时。这时,她的妈妈也出来了。原来,她妈妈知道我今天来家访,特地在家等我。

我们走上楼,看见她正躺在床上,只露出一个头。看见我们来了,她露出可爱的笑容。我连忙与她打招呼,坐在她的床边,拿出同学们写给她的心里话。小女孩连忙双手举着,目不转睛地读了起来,没一会儿,竟然泪光闪闪。我知道,一颗小小的心温润了。

我支开两个同学,轻声问她到底怎么回事。她悄悄告诉我,妈妈骂她把东西乱丢,叫她去死了。于是她一气之下就上了二楼的栏杆,不知怎么掉了下来。孩子已经很后悔,也尝到了其中的痛苦。我的安慰此刻显得如此的苍白。

她妈妈很热情,反复叮嘱我必须吃完饭再走。一位几乎不识字的文盲母亲,一开口声音就特别大,从不知赏识自己的孩子,只知道呵斥和嘲讽孩子,不懂得孩子的内心,但不可否认她的内心是爱孩子的,是善良的。尽管我反复努力地在尝试提高家长的教养素质,可对她简直有点对牛弹琴。唉,这不是吃了没文化的亏吗?

从孩子的家中回来后,我专门打电话给她妈妈,约定和她一起去茶馆喝茶。在聊天的过程中,我对孩子妈妈真诚地说了许多与孩子沟通的技巧,希望孩子妈妈能转变与孩子沟通的一些方式,不要动辄骂人……

沟通相当愉快。孩子妈妈对自己曾经的行为忏悔不已,并说以后会注意与孩子的沟通方式。

面对似懂非懂的孩子,我着重从珍爱生命出发,通过朗读毕淑敏的《我很重要》一文,与孩子谈心,让孩子懂得造物主赐予我们这尊汲取万物灵泉的玉体,何等不容易。

三年后,孩子读初三了,教师节,她寄来了贺卡:

许老师:

若不是您,想必,现在的我还是在不知目的地走着吧。当我叛逆的时候,是您仍然在教导着我,让我这只迷途的羔羊,感受到了阳光的温暖。正如您所说的,生命是一列奔驰的列车,让我们在小学的这节车厢里度过了七百多个美好的日子,一路同行,所有的快乐和美好,激动和兴奋,甜蜜与惆怅,都留在了我们的心田里,静静地等待岁月这颗种子来生根、发芽。是呀,时间匆匆,我也已进入初三的殿堂,但那时的欢声笑语仿佛犹在耳边回响……

我只想说一句话,感谢有您,老师。

祝:节日快乐,微笑永恒!

 温馨提示

现在的孩子,是幸福的,吃穿不愁,有优越的物质生活条件;现在的孩子,又是不幸的,既要面对沉重的课业负担,又要承载父母、学校殷切的希望,心理负担重,当家庭和学校不能及时疏导孩子的心理问题时,各种不珍爱生命的行为时有发生,令人痛惜。

生命中有许多不能承载的痛,呵护自己的生命,最重要。作为班主任,平时要在班级里多开展有关"珍爱生命"的各类主题活动,多朗读如毕淑敏《我很重要》等珍爱自己的文章,告诉孩子,没有什么比自己的生命来得更为重要。

班主任平时要善于洞察,通过交流、聊天、批阅日记等方式关注孩子的心灵,感悟孩子小小心灵中所有的无奈和痛苦,发现苗头及时进行疏导,并与家长开诚布公地进行交流,把不珍爱生命的苗头扼杀在萌芽状态。

一旦班上有孩子出现类似上文中的不珍爱自己生命的行为,班主任要在第一时间了解事情的真相,并为孩子在班上、学校保守秘密,以最快的速度,捎上班主任和同学对他的关爱和温暖,带领几个孩子代表去孩子家中看望,通过让全班孩子留言、写贺卡、写信等方式,让他感受到全班同学的关爱。

根据真相,及时与孩子的家长、孩子本人进行开沟引渠工作,真诚沟通,指点家长,调整方法,时刻关注孩子的心理,缩短与孩子之间的心理距离,让孩子顺利度过叛逆期。

11. 教会发泄不良情绪
——应对寄居孩子的双面行为

 **情景再现**

"许老师,你累了吧,我来帮你捶捶背。"我刚坐到我的工作桌上,正准备给孩子们批改作业,可爱的小松一个箭步冲过来,抡起他的小拳头,开始给我捶背、揉肩。

教师多半有职业病,我患有较严重的颈椎炎,肩膀那里硬邦邦的。小松知道我的病,总是来帮我捶背。他的小拳头如雨点一般落在我的颈椎上、肩膀上,力量不大不小,正好,真是惬意和舒服,同时更暖在我的心里。这孩子真懂事啊,像一件贴心的小棉袄。看着他那帅帅的面孔,我时常情不自禁地摸摸他的小脸蛋,难掩我对他的那一份喜欢。

我刚带上喜滋滋的表情,回到办公室,没有一会儿,就进来一个男生汇报:"许老师,小松打我。"这个男生皱着眉头告诉我,小松经常欺负同学。

不是刚刚还满脸喜悦地在帮我敲背吗?怎么我前脚走,后脚他就在欺负同学了呢?

 **临场应变**

我连忙跟着这个报告的孩子进教室,没想到,他正在教室里眉飞色舞地扭动着屁股,开心地玩着街舞,边上的同学在咯咯地笑。

"小松,街舞表演真精彩呀!"我鼓起了掌。他一看到是我说话,顿时安静了下来,没有声音地站在了一边,垂下了头。

"刚才你做了什么错事?"我询问他。

"我打了同学。"他坦言承认。

说起这个孩子的家庭背景,有点复杂。他老家在安徽,寄居在浙江桐乡的姑姑家。每一回寒暑假从老家回来,他会闹上近两个月的情绪,脸上挂满愁容,想念爸爸妈妈,无精打采,学习也不努力。我多次与他姑姑联系,也理解孩子寄人篱下的那份孤独感。金窝银窝不如自己的草窝,更何况,在老家,爸爸妈妈实行的是"放养"教育,与这边城里孩子的"军事化"教育相比,那当然拘束、不自由了。好多回,我与他谈心,问他想爸爸妈妈吗,孩子摇摇头说,不想的。嘴上说不想,其实他在掩饰着自己的内心。

在我的指示下,小松向这位同学道完歉之后,又如约来到办公室,坐在了我身边的凳子上。

我只字不提刚才的事,随意地与他开始聊天。

"小松,你想爸爸妈妈吗?"他依然摇摇头说:"不想。"再问下去,他支吾着说:"我也不知道。"

"你在姑姑家开心吗?其实,许老师很理解你的心理,毕竟,这不是你的家,总归没有在自己家舒服。"我采取移情的方式,让孩子放松自己的神经。"让我来做个军师猜猜看,你这么爱欺负同学,肯定是在姑姑家受委屈了,你不开心了,然后,你把这份不开心报复在同学身上。对不对?"我这么试探孩子。因为孩子的姑姑家颇为复杂,姑姑离婚又再婚,带着女儿,再婚的姑父带来一个只比他大两岁的哥哥。这么一个组合家庭,再加一个侄子,难相处实在是一件再正常不过的事。孩子在学校特会察言观色,也是环境逼迫。寄人篱下,总想做好一点,让大人喜欢。

我对他说的话,引起了孩子的共鸣,今天,他终于把心底的肺腑之言一股脑儿倾吐出来了。孩子告诉我,姑姑与姐姐对他特别好,可是只比他大两岁的哥哥时常欺负他。晚上两人睡在一起,哥哥总喜欢摸他的屁股,挠他痒痒,但是,他敢怒不敢言,他一反抗,哥哥会大叫,这样姑父就会来批评他或打他。孩子还说,姑父常喜欢在他头上敲,好疼的。有一回,他们三人一起去打篮球,但他们父子俩一起在边上取笑他……

"小松,你自己的心态没摆好,你姑姑和姐姐是与你有血亲关系的,你们身上流着同样的血,他们当然会对你很好了。但是,你姑父与你一点儿关系都没有的,他是看在你姑姑的分上才来照顾你的,他的儿子与他有血缘关系,他当然会疼自己的儿子了。任何人都会这样的,不是只有你姑父这么做。在这一点上,你自己首先要摆正心态。你姑父和哥哥在笑,不一定是在笑你,可能是你自己多心了。在这样的家庭中,你要学会保护自己,你多说说好话啊。那样,他们就会喜欢你了。"我这样开导着孩子。

"我一说好话,他们就会说我又要拍马屁了。"孩子皱着眉头,眉宇间写满无奈和痛苦。他还告诉我,每每被他们取笑,他就想即便是睡草房,也还是在自己的家好。

孩子告诉我,昨天晚上,睡觉时他哥哥又来招惹他了,摸他屁股,挠他痒痒,他无奈之下就起来反抗,结果,哥哥就大喊。听到吵闹声的姑父拿着一根棍子进来,他姑父掀开他的被子,狠狠地打了他几下,很疼。哥哥裹着整床被子,虽然挨打,但不痛。说到这儿,孩子的眼泪在眼眶里打转转。

"那你们房间里能放两张床吗?一人一张床可以吗?"我问道。我去过他姑姑家家访,但楼上没去。

"不行的,两张床放不下的。姐姐睡在书房里,姑姑和姑父一个房间,另外就没有房间了。"孩子说。他还告诉我,很想与姐姐睡。有一天与姐姐睡,早上醒来还抱着姐姐。此刻,孩子的脸上洋溢着甜蜜。大概是他从姐姐身上体验到了一种母爱。姑姑对他很疼爱,但他姑姑是那种很豪爽的女人,对孩子也很严格,孩子见了她特别害怕。

姐姐已上初一,成大姑娘了,与她睡也不现实。"那你姑父拿棍子打你的时候,你姑姑不在吗?"我问道。

"姑姑不在的,有时候,姑姑晚上很晚才回来。"孩子愁眉苦脸地说。

"哦，原来是这样啊。小松，我很理解你的心情，也理解你的不痛快，但不管怎么说，你不能把自己的不快情绪、所受的委屈发泄在同学身上。知道吗？"

接着，我教他几招自己发泄情绪的方法：

（1）每天步行回家，路过那座桥的时候，向着湖面，大喊几声。

（2）借助一些体育活动，如打篮球、练沙包，来发泄自己的不痛快。

（3）有什么困难，来找老师，老师有多少能力，就会帮你多少的。即使我帮不到你，你来找我说一说，把心里的难受说出来，你也会好过得多。

孩子一边听一边点头。小小年纪，要承受这么多，我现在很能理解他的行为了。要不要找他姑姑谈一谈呢？会不会影响他们夫妻的感情呢？毕竟我只是一个班主任，有些家务事，外人不能介入太多。但，不与他姑姑说，长期下去，孩子没准会出现严重的心理问题。

想来想去，我觉得应该与他姑姑沟通。我在电话里委婉地表达了孩子所受的痛苦，希望他姑姑能与孩子多谈谈心，让他调整好自己的心态。姑姑告诉我说，他老公也如一个小孩，等一下，一家人一起吃过晚饭，她会好好地与一家人谈一谈的。

第二天，孩子满面春风。他喜滋滋地告诉我，姑姑昨天与姑父、哥哥说了，警告哥哥若再欺负他，那他们两人都要回老家去。晚上，哥哥果然没再欺负他，他就觉得很开心。姑父对姑姑解释说，只是轻轻地捶了他一下。姑姑说他的动作重，捶她这个大人，都要痛一个月，叫一个小孩怎么承受得了呢？姑父答应，以后将不再敲他的头了。

孩子脸上充满了喜悦，时常兴冲冲地来告诉我打篮球的乐趣、打羽毛球的乐趣。他说，一运动，就什么烦恼都没有了，现在就只想好好地读书。欺负同学的事再没发生过，他满腔热情地投入到学习中去了，开始享受着童年的快乐，编织着童年的绚丽。

温馨提示

　　寄人篱下,那一份心情,是我们这些从没尝到过此滋味的人感受不到的。谁都知道,林黛玉的小心眼、刀子嘴、嫉妒心的诞生,与她所处的环境有着千丝万缕的联系。

　　作为班主任,当发现班上有孩子是寄居在亲戚家,那平时一定要多留意这些孩子,多与孩子谈心,因为寄居孩子的心理问题,往往是潜在的、隐藏的、不明显的。这些孩子在这特定的环境里,心往往会变得特别的敏感、脆弱、多疑,他所受的委屈会埋在他的心底,有时他会通过另外的一些途径表现出来。比如上文中的小松,他平时在家中,为了讨好姑姑,就特别会察言观色,平时尽自己的能力讨大人的欢心,当他在家中受了委屈,敢怒不敢言的情况下,他就借机来欺负同学发泄他的情绪,他见了老师,极尽他的溜须拍马的本领。这所有的表现,都与他所处的生存环境有关。

　　对这样的孩子,班主任要善于透过表面的现象,深刻揣摩孩子的心理,了解孩子的内心。若一味进行道德说教,带给我们老师的将是一回回的失望。同时,作为班主任,要教导孩子学会正确地发泄自己的不良情绪。比如可以借助体育运动来移情,比如可以找自己信得过的朋友、老师来谈心,比如可以利用一些业余爱好,如弹琴、写字、画画来分散自己的注意力等。学会正确地发泄自己的不良情绪,非常有利于孩子的身心健康。我们要告诉孩子,环境我们没有办法改变,但可以改变的是我们自己。

第一章 应对孩子的心理问题 45

12. "闭关修炼"觅内因
——应对孩子的拖拉行为

 **情景再现**

"第三组怎么还不交本子？怎么一回事？"我看看讲台上只放了两组本子，询问第三组组长胡蝶。

"嘉嘉还没做。"胡蝶告诉我。只见她拿着收上来的第三组的本子快速走到嘉嘉的桌子边，催促道："快点！快点！就少你了！每一次就少你！"

唉，在我班，这位可爱的嘉嘉是个超级磨蹭王。他爸爸每天在家校联系本上记录，孩子做作业做到将近九点，甚至更晚。一般孩子五六点就能完成的作业，他会趴在桌子上一直磨下去，一会儿玩玩橡皮，一会儿动动笔，一会儿转来转去，若家长不去催促，或许趴到十二点也说不定。

他爸爸告诉我，对他打也打了，骂也骂了，哄也哄了，就是不见效。我自然理解孩子爸爸的无奈。在学校，这孩子何尝不是这样呢？每一回作业拖到最后，考试时，时间来不及，总是空着一大片。

 **临场应变**

到底是什么原因导致了他如此磨蹭？是因为他的心理因素，还是因为他的小臂肌肉没有发育好，导致了他写字速度慢？不然，误解了他也可惜。要知道，嘉嘉有一个特点，那就是特好面子。一年级时，他常因出操不遵守纪律，使我班扣分。无奈，我采取"招安"方式，做操时让他带男生队伍，给了他一个排队伍最前面领操的理由，他积极得不行了。

周一，若我班轮到优胜班，每班选派一个孩子上"司令台"拿流动红旗，他跑的速度绝对比班长快。凡抛头露面的事，他做起来比火箭都快。暑假后我让班上的孩子交流去了哪些地方，听到有同学说去了香港、扬州、上海等地方，他就站起来说暑假去了北京。哈哈，后来我与他奶奶交流，他根本就没去过，纯粹是他编出来的。

今天，我得检验一下：到底是什么原因使得他如此磨洋工？

我使出一个"杀手锏"——那就是把我平素专门用来批作业的工作桌（放在教室第一组前的一张桌子），腾出座位，并美其名曰——闭关修炼桌。我告诉孩子们，多少大侠，未成大侠前，大多会闭关修炼三年、五年、十年或更长时间，后来，都成了一代武林宗师，如杨过、令狐冲等……孩子们听得津津有味。

"我们班的嘉嘉也有成为一代宗师的潜质，下面我们有请嘉嘉先来闭关修炼。"在热烈的掌声中，可爱的嘉嘉坐在了"闭关修炼桌"前：每天，每一节课，他面朝同学，春暖花开。上课时，老师讲解内容，他微微侧身，朝向黑板，做作业时，面朝同学。

这么一个好面子的孩子，坐在这里，他该觉得受煎熬吧！这个座位靠近走廊的窗口，人来人往，高年级的大哥哥大姐姐，还有别班的老师，都能透过窗户，看到一个端坐在前面的孩子，他会不会因此提高写作业的速度呢？我揣摩着孩子的内心，若这也刺激不了孩子，那恐怕除了磨蹭之外，真的是孩子的小臂肌肉没发育好。

说起来，还真有效。连续两天，他做作业的速度，能挤进班级前25名。与以前的颓废、磨蹭相比，判若两人。

三天，整整三天，他的速度超级快。

我明白了，不是这孩子的小臂肌肉没发育好，主要是孩子的思想生懒虫。这一发现，让我很欣喜，我告诉孩子爸爸不是他写不快，而是他有思想问题，敬请大胆启用他不做好家庭作业就不让吃晚饭的措施，也杜绝他放学后边吃零食边做作业的习惯。然后，再想办法调动他的学习积极性。我告诉孩子爸爸，再不狠心一点，那你们的麻烦将无休止地伴随。接下来就是三年级，会另增两门主科，再不改善的话那将几点才能睡觉啊。我知道，家长的心，比我更急。

这一回，孩子爸爸下定决心，说将坚决采纳我的建议。请看每天家长记录的完成作业的时间。

周一，6:30完成。

周二，5:30完成。

周三，7:00完成。提前做了老师没布置的《同步练习》和《课堂作业》。

周四，6:00完成。

每晚，嘉嘉早早完成了作业，他有时间跟随妈妈去外面活动，根本就不需要让孩子晚吃晚饭。看着孩子爸爸每天的记录，我由衷地欣慰。

 温馨提示

乖巧懂事的孩子都是相似的，问题孩子各有各的令家长、老师头疼的问题。遇见一位"超级磨蹭王"，对老师，特别是对家庭来说，是一件非常煎熬的事情。

孩子的磨蹭哪里来，分析成因，大致有这么几种：①小臂肌肉没有发育好，导致了他书写速度慢。②受遗传影响，天生慢性子。③没有时间观念。④注意力易转移。⑤缺少自信心，放任自己。

班主任若能联合家长，和家长一起分析造成孩子磨蹭的主要原因，是最理想的。但是，许多时候，班主任需要单枪匹马地行动，家长面对自己孩子的状况时往往不够理性。班主任可与家长交流，看看是否有遗传原因。

然后，有针对性地进行一些训练，排除原因。比如嘉嘉这个磨蹭的孩子，造成他磨蹭的原因主要是后面三条。如何诊断呢？如上文中例举到利用他的好面子，设"闭关修炼桌"来检测他做作业的速度，分析造成他磨蹭的真正原因，寻找到教育孩子的突破点。

寻找到内因后，班主任在注意加强家校联系的同时，采取提速的种种措施:要求家长在孩子做家庭作业时,不许给孩子吃零食;不完成笔头作业,不准吃晚饭;在规定时间内完成作业,给予他所爱好的运动的奖励……

分析、诊疗,不断地尝试,用科学的精神,不断地做一位科学的班主任,寻找突破口,找到教育孩子的最佳突破口。这样,有助于提升班主任的专业水平,班主任工作的科技含量将逐渐提高。

13. 探寻问题根源
——应对孩子说脏话的行为

情景再现

"许老师,许老师,晴晴又说脏话了。"范宇玮这个可爱的小姑娘皱着眉头走到办公室里告诉我说。

"许老师,晴晴说我和小樱一起洗澡!"胖乎乎的小杰,眼睛里快冒出愤怒的火花了。

"许老师,晴晴说的话总是不三不四的。我们提醒了好多回,但还是没有用。"

……

晴晴这孩子爱说脏话的特点达到了"疯狂",时常有同学投诉,说他口吐脏言,说他经常说谁与谁一起去洗澡之类的不三不四的话。

临场应变

每一个孩子都知道说脏话不对,为什么会明知故犯呢?而且这孩子为什么总是要说这一类话呢?不可否认,现在的孩子普遍比我们70后、80后小时候要文明得多。爱说脏话的他,在班级里,在一群说话文明的孩子中间，显得那么突兀。

脏话的源头在哪里呢？他说脏话的动机是什么？我开始思考。我联想到美术老师曾向我反映，在画画时他给画面上的女老师画了一只胸罩，我又联想到一年级体育老师反映体育课上他曾露出小鸡鸡给同学看的事件……是不是孩子的心理不健康了呢？这引起了我的高度重视。我决定找孩子好好地谈谈。

某日的午后，在学校教学楼后面草地的那块大石头上，我与他开始了掏心掏肺的聊天。

"孩子，你老老实实告诉我，到底是什么原因使你用这不三不四的话骂同学，你的这些话是从哪里听来的？"我轻轻地询问，"没关系的，你说出来后，许老师会帮助你的，我知道你并不是一个坏孩子！"

在我的反复询问之下，孩子忸怩着告诉我，上幼儿园时，有一回正好爸爸妈妈不在家，他一个人没有事情做，就打开了VCD，结果看到了一个小孩子不该看到的内容——一个男人和一个女人正在洗澡的画面。从此，这样的画面常常在他的脑海中放映，不说出来他会觉得很难受，一说到这整个人就特别兴奋。

原来是这么一回事啊。小小年纪的他，幼稚的心灵竟然承载了这么多。听着孩子的真心话，我不禁责怪起家长来。唉，怎么会有如此疏忽的家长？！

"孩子，没有关系的，你看到的这个画面，并不肮脏，也并不丑陋。你不用害怕，这是一个正常的画面，只是，这个画面不适合我们孩子看。以后，我们不要再去想着它了，好吗？"我安慰着他。

此刻，孩子也告诉我，把这件事情告诉了我，他整个人轻松了许多。

找到了说脏话的根源，我及时对症下药，并进行了一些有效的干预：

首先，我与孩子妈妈联系，把困扰孩子心灵的这件事告诉了妈妈，让妈妈要多关注孩子的心灵，多与孩子谈心、交流，关注他的心理健康，不要动不动就说孩子不乖，同时，我让孩子妈妈多带着孩子在课余做一些有益身心的运动，分散孩子的注意力。

其次，我调整好自己的心态，调控好自己的情绪，当孩子出现不良的状况，同学投诉他说脏话，需要我处理问题时，尽量减少或避免对他的责备和训斥，多倾听他内心的声音，让他拉近与我之间的心理距离，在感情上向我靠拢。

为了走进他的心灵，我时常趁空余时间，找僻静的地方，或走廊，或电脑室，或操场，多采取移情方式，与孩子沟通、交流，舒缓了孩子的心情，释放了孩子的紧张，毕竟孩子也知道，说这样的话，同学和老师是不喜欢的。有一回我陪他聊到了六点，还送了他一本书……

在家长的支持和配合下，孩子迷上了跑步和滑滑板，课余活动变得丰富多彩。渐渐地，不再听到有同学举报他说脏话的行为了。

温馨提示

当班主任发现一个孩子爱说脏话，屡屡教育不见效时，班主任不要动不动就给孩子扣上品行不好的大帽子，而应该用锐利的眼睛认真关注并观察孩子嘴里吐出来的脏话，是以什么方式呈现，适时联想这孩子平时在言行举止上有无反常的现象，及时与家长沟通联系，询问家庭有无可能滋生孩子说脏话的病源。一般而言，通过与家长沟通，就能了解到说脏话的源头，让家长及时切断脏话源，就能起到效果。

但，也有"顽疾分子"。如上文中的晴晴，他爱说脏话是因"心"而起。家长并不知孩子为何会说脏话，班主任可采用心理治疗的方式，创建一个安静的"心灵净化室"，在相对安全的情境下，班主任根据孩子所说的脏话的特点，细心询问，让孩子坦陈说脏话因何而起。寻找到脏话源，班主任再有针对性地进行一些干预：当孩子依然说脏话时，班主任要减少斥责，拉近与孩子的心灵距离；呼吁家长多与孩子交流，培养孩子一些正常健康的爱好，在运动中释放孩子的心理紧张；班主任多与孩子交流，让他从心灵纠缠的泥潭里早日脱离，健康茁壮地成长。

第二章

应对孩子的学习问题

　　都说现在的孩子不爱学习达到了历史之最。班主任时常会在各种场景下遭遇孩子们不爱学习的尴尬，他们或者注意力无法集中，或者学习态度不端正，或者上课爱看课外书……这些让班主任的心纠结难受。

　　做班主任切忌做"学习警察"，一看到如斯场景就发火训斥，要善于不露声色，送上微笑，采取攻心的策略进而攻下整座城。

14. 提前送上奖励
——应对孩子的懒散行为

 **情景再现**

芳芳的日记有抄袭的倾向，其实，这不是我第一次发现了。我曾因为这而找她谈过几次话，看来没触动其内心。

瞧，这不，她这次的日记又露馅了，那流畅清新的文笔，丰富的词语，哪是学习成绩中下的她能写出来的啊！

我请她来到办公室。一声"报告"之后，她走到了我的身边，看着摊开的日记本，她的表情一下子变得忸怩不已。这没能逃出我的"法眼"。

"嗯，知道许老师请你来的原因吗？"我欲擒故纵。

她在边上头摇得拨浪鼓一般。"看看这摊开的本子啊！这回知道了吗？"我依然问着。

她依然低着声音说："不知道。"看来，她已做好顽抗到底的准备了。

"看来是真的不知道了。那许老师可要说了哦。你的日记怎么来的呢？"我问道。"我自己写出来的。"不到黄河心不死，对于这样的"惯抄"，她早已是脸不红，心不跳了。

"嗯，好的。你看看，丰收的稻谷穿着金黄的裙子，迎面跳着婆娑的舞姿，那一刻……你不成了一位'大作家'了吗？"我问道，语调平静。

"写是我自己写的，有些句子是模仿来的。"这时，她开始泪眼汪汪了。呵呵，好会为自己找"理由"。

"哦，模仿？好像你有过好几次模仿了哦。我记得我曾经找你谈过话的，让你以后不要再模仿了。"我轻声地说。

她的眼泪如两条断了线的珍珠，顺着她的脸颊静静地淌了下来，她不停地点着头。

 **临场应变**

"那这样吧。芳芳,以后请你别这样高水平地模仿,愿意吗?写日记要写出你自己的感受,好不好?"我翻开其他孩子的日记本,让她一本一本地看这些优秀的日记是如何选材的。

"你看,生活无处不是题材。看看,上一节体育课也可写成一篇日记,有什么烦恼也可写成一篇日记,一棵小树也能写成一篇日记……"我边让她看同学的日记本,边指导她。

"那我们签订口头协议,以后不要模仿了。怎么样?"她在边上头如小鸡啄米,点个不停,眼泪还淌在脸颊边发亮。

我看见办公桌的一角静静地躺着一块月饼,那是同事早上拿来给我吃的,我因为忙碌了整整一个上午,还没来得及吃。

哎,记得我曾找她谈过心,让她别抄袭,谆谆善诱过,不是一次再次屡教不改吗?我这回一定要来个出其不意,触动其心扉。这时,陶行知的四块糖果的故事在我的脑海中一闪而过。

"芳芳,这个月饼送给你吃。我相信你,今天是你的最后一次模仿。也相信你能写好日记,写出出彩的日记,这月饼算是许老师提前给你的奖励。"我把月饼放在了她的手上。她一开始不好意思拿,我硬是把月饼塞在了她手里。孩子拿着日记本,抹掉眼泪出了办公室。

中秋节刚过一天,芳芳在日记中写道,"许老师送的月饼我真爱吃啊。"虽然我们这里是经济发达的富裕地区,可农村孩子还是难得吃到这么高档的月饼。这回,该对这么一个具有顽固的抄袭倾向的孩子有所作用了吧。

第一天,没感觉。

第二天,也没什么感觉。

第三天,字端正了一点。

第四天,字数多了一点……芳芳的日记,犹如一条渐渐上升的斜线,逐步向上。她的日记本成了我表扬进步快的典范。

温馨提示

相信，这样的情景，每位班主任都不会陌生。抄袭作业，借鉴模仿作文，屡禁屡犯。面对这样的懒散行为，真让我们班主任伤神感慨。

一般不是懒散到家的孩子，班主任通过几回个别谈心，谆谆善诱，就能解决问题。但某个孩子懒散的状况严重，几回谈话，根本就拿不下来时，作为班主任，就要另谋出路，想一些更为高明的招数，来帮助孩子洗涤心灵。其中，出其不意，提前送出一些奖励，用和风细雨式的心灵洗涤法，将拂去孩子心灵蒙上的灰尘，从而取得一些意想不到的效果。

每一个做错事情的孩子，在他的内心，都会有一个心理抗压的承受期。虽说孩子存有一种侥幸心理，但他一般内心也会做这样的准备：你来找我吧，你批评吧，反正我已做好接受你批评的准备了。

此刻的批评，实际上已刀枪不入，没有多大的价值。此时可以反其道用之，出其不意，在他毫无防备的情况下，给这个懒散的孩子做出提前的奖励，如上文中所提到的奖励高档的月饼吃，或者赠送孩子他比较喜欢的课外书等物品，让他体验到班主任是真诚地关爱着他，真心希望他能在学业上有所进步。只要这个孩子不是顽劣到家，一般都能起到一定的疗效。

教育，需要和风细语的呼唤；教育，需要心灵的洗涤；教育，更需要信任和爱心。

第二章 应对孩子的学习问题 55

15. 大力挖掘积极因素
——应对孩子上课看课外书的行为

 **情景再现**

"许老师,你看看,你班上的卢秋阳真的要成为北大高才生了。"英语老师陈老师笑着从办公室外走进来,对我笑言。

"怎么了,陈老师?"我笑问。

"卢秋阳这个家伙,在上英语课时,翻开英语书,把这本《特别的女生萨哈拉》放在英语书下面,看得津津有味,还以为我不知道呢。我一下子就把它没收了。我告诉他,要成为将来的北大中文系高才生也能光靠在英语课上看课外书啊。"她把那一本黄色封面的崭新的课外书往桌子上一敲,笑着对我说。

"噢!原来如此啊!他竟然敢在咱陈老师课上偷看课外书,真是胆大包天,我一定好好找他算账。"我戏谑。

"哼!这小子,别想从我这里把书要回去。"陈老师恨恨地说。

这小子,干吗要把自己往枪杆子上撞,不是一直在强调不能在课堂上看闲书吗?他是出于什么用意呢?我反复思考,并寻找着教育他的良策。

 **临场应变**

下一节课,正好是我的语文课。我一进教室,师生问好后,我没有说一句话,就在黑板上大大地板书了这么几个字——"601班痴爱语文龙虎榜"。"孩子们,来,一起读!"全班孩子不知我葫芦里卖的是什么药,看到这一行字,眼里流露出狐疑的目光。在我的指示下,大家高声朗读

了出来。

"痴爱语文龙虎榜,大家推选一下,谁该坐稳这龙虎榜的头把交椅?"我不露声色地问。

"姜伊凡。"有孩子提名写作最好的伊凡同学。

"陆志宏。"有孩子提名朗读最好、语文成绩最稳定的班长志宏同学。

"姚凯洁。"有孩子提名学习最刻苦的学习委员凯洁。

……

"NO! NO! NO! 下面我宣布,坐龙虎榜头把交椅的为卢秋阳。掌声热烈祝贺!"孩子们马上心领神会,一个个笑得前俯后仰。卢秋阳坐在座位上,整张脸如关公,有点不自然。

"孩子们,不要笑,许老师真的被他这一份痴爱语文的心所打动,在英语课上,狂看课外书,如此挚爱语文,所以,许老师将奖励他一本书《100个励志故事》,作为对龙虎榜状元获得者的嘉奖。"这孩子在众人惊叹的目光中,离开了自己的座位,忸怩地接受了我奖励他的礼物,低声说:"谢谢你!许老师!"

"秋阳,先慢走,请说一说获奖感言。"我笑着对秋阳说。

秋阳站在一边,抿着嘴巴,过了一会儿,他说:"谢谢许老师!我觉得很愧疚,在英语课上看课外书,使得陈老师生气。我保证以后再也不在上课时看课外书了。"秋阳面对全体同学,说出了这么一番话。

"好!自己能意识到不足,好事情!看课外书绝对是好事情,犹太民族这一个智慧的民族,在孩子刚生下来时就让孩子舔沾着蜂蜜的书,让婴儿意识到书是甜的。正因为犹太民族爱看书,才成为了世界上最拥有智慧和生命力的民族。看有益的课外书绝对是好事情,但关键是要把握看书的时机。毕竟,我们到学校里来,是为了学习各科知识。在课堂上看课外书,这首先是对任课老师的不尊重,同时还会让自己听课分神,是一件两不得利的事。希望每一个同学都能学会克制。更希望秋阳能拿出具体的行动来,让陈老师感到欣慰。也希望全班的同学能从这件事上得到教训和反思。"

我也没有特意再把秋阳找来进行思想教育。

后来,我听陈老师说,卢秋阳主动向她承认了错误,并承诺一定专心听讲,好好把英语学好。

听着陈老师的笑声,我由衷地欣慰。

温馨提示

其实,孩子在上课时看课外书,大致是这么几种原因引起的:①被课外书的精彩情节吸引住了,情不自禁地在上课时打开了课外书。②讲课老师所讲的内容相对比较单调。③孩子的知识基础不好,根本听不懂老师所讲的内容,只好拿出课外书来消磨时间。

优秀的班主任同时也应该是优秀的科任老师,平时应加强自己引领学科的教学能力,增加课堂的吸引力,避免让孩子们在自己的课堂上看"闲书",同时,可在班级里申明:但凡在班主任所任教的课堂上,若觉得老师讲的课无趣,可自由拿出课外书来看,保证不批评。以此来逼迫自己不断提高对课堂的驾驭能力。

但是其他科任老师的课堂,班主任较难把握,也不能帮同事去分析,孩子看课外书的成因,只能在孩子身上做些文章。班主任平时教导孩子,要懂得尊重老师,在其他课堂上看课外书,这是不尊重老师的表现。若遭遇如上文中的情况,班主任可采取诙谐的方式,大力挖掘孩子看课外书的积极因素,如设计"601班痴爱语文龙虎榜",让孩子们推荐榜首,同时,也可如上文中一般,奖励给孩子一本有意义的书,通过"冷幽默"的方式,对在其他课堂上看课外书的孩子进行一番隐性批评。

孩子心中自有一杆秤,孰是孰非,内心都很清楚。正如陶行知所言,真教育是心心相印的活动,唯独从心里发出来的,才能到达心的深处。

16. 独辟蹊径
——应对孩子上课打瞌睡的行为

 **情景再现**

　　一个暖洋洋的春日下午，我正带领孩子们遨游在语文的海洋，不知是因说明文枯燥乏味，或者是我讲得不够生动有趣，或者是那种春眠不觉晓的气候的缘故，正当我们沉浸在德国动物学家霍斯特·斯特恩的"小刺猬实验"中，突然之间，不知道从何处传来一声声"呼——噜，呼——噜"的声音，我正想寻找何处发出此声音时，可爱的袁佳似乎心领神会，她站起来说："许老师，朱玉强睡着了，正在打呼噜呢！"

　　"啊？莫非他在春眠啊，而非冬眠。"正当我瞪大眼睛感慨时，全班传来一阵哄堂大笑，一双双眼睛全都聚焦在我的身上，似乎在等着我这位"法官"下判决书。

 **临场应变**

　　"春眠不觉晓，处处闻啼鸟。只听呼噜声，全班吓一跳。"我灵机一动，暂时放下讲课的内容，丢下书，边吟着这首改编的诗，边慢条斯理地踱步来到胖乎乎的朱玉强身边。

　　乖乖！好小子！一张胖乎乎的脸，不时一抖一抖地颤动，嘴边还淌下了一条口水，那均匀的呼噜声正从他的口中，随着他那起伏不定的肚子，如悦耳动听的歌曲一般，有节奏地铿锵传来。

　　真想一把扭住他那肥肥的如蒲扇一般的大耳朵，把他从南柯一梦中唤醒，真想一把抓住他的厚厚的鼻子，把他从"苏州"拉回来，真想……所有的真想，化做了一个轻轻的举动。我看见朱玉强的椅子上有一件脱下来的春衣，我拿起了那件衣服，把它轻轻盖在他那胖胖的身上。

"嘘——"我把手指放在嘴边，发出了一个禁止发声的手势，示意班上的孩子不要去惊醒他。全班孩子看见我这一举动，都好奇中带着丝纳闷看着我。

"让他睡吧——别着凉了，那是最主要的。好了，我们继续开始吧。"说完这些，我们又开始进入了我们的《冬眠》学习之中。

没过多久，这孩子睁开惺忪的眼睛醒来了。

"孩子，你终于醒来了啊！下回睡觉时，别忘记多穿一件衣裳哦！千万别着凉！"我心平气和地对他说，全班孩子笑了，他眯着眼睛也不好意思地笑了。

我没有找他谈一句话，也没有在全班同学面前批评他一句话。我只是打电话到他妈妈那儿了解情况，孩子是几点睡觉的。他妈妈告诉我，孩子到了十点才睡觉，做作业的时候不停地磨蹭。我了解到原因了，也没跟他妈妈说孩子在课堂上睡觉，只是告诉孩子妈妈，要想办法提高孩子做作业的效率，提高做作业的速度，一超过九点，就不要再让孩子做作业了，这样就能逼迫孩子把速度加快，再说，孩子现正处于长身体的阶段，缺少睡眠不利于孩子的健康。他妈妈在电话那头一一应允。

又是一个清新的早晨，又是我们一周的送诗活动。我决定：把这样的诗歌，送给这位亲爱的胖乎乎的不愿意锻炼身体的玉强同学：

稀里呼噜不能睡觉啦
——送给朱玉强
雀儿喳喳叫，
天气这么好。
呼噜噜，呼噜噜，
我还想睡觉。
亲爱的玉强啊，

千万不能再呼噜噜。
赶快动起来,
扭扭屁股,动动腰,
健康身体是个宝。

上眼皮想要睁开,
下眼皮却不愿醒来。
呼噜噜,呼噜噜,
我还想睡觉。
亲爱的玉强啊,
千万不能再呼噜噜。
赶快动起来,
快速来做事,
美好明天等着你去创造。

当我把这首诗投放到投影仪上时,全班同学笑得前俯后仰,可爱的玉强则不好意思地抿着嘴笑着。

"亲爱的孩子们,许老师为什么要送这首诗给玉强?"我问道。

"从这首诗中,我读到了许老师对朱玉强的殷切希望,希望他能多锻炼身体,提高做作业的速度。"刘学超说。

"从这首诗中,我读到了许老师对朱玉强的那一份深深的爱。朱玉强太喜欢睡觉了,有一回,他居然在上课时也睡觉了,还打起了呼噜,影响了我们全班同学听课的效率。许老师把这首诗送给他,就是希望他能勤奋一些,不要再浪费时间了。"陆志宏说。

……

"玉强,你自己来说一说,为什么许老师要把这样的一首诗送给你啊?"我笑着问玉强。

"许老师是希望我多锻炼身体,不要让身子这么胖,还希望我能多运动。谢谢许老师!"这孩子抿着嘴说。

在欢声笑语中，结束了本次早晨送诗活动。我把朱玉强唤到了走廊上。"孩子，其实，我已从你妈妈那里了解你在下午想睡觉的原因了，她说你晚上做作业到九点，是这样的吗？"我单刀直入。

"以前是的，现在不是的。现在到了九点，妈妈就不让我做了。我现在做作业的速度越来越快了。"孩子喜悦无比地看着我说。

"好的！孩子，请你牢牢记住这首诗，多运动，多锻炼身体，快速做事，聪明的你，就能给自己开辟一个辉煌的未来！"我说道。

孩子在一旁重重地点头。

 **温馨提示**

春暖洋洋或夏日炎炎之际，孩子容易在课堂上入睡，当孩子听不懂老师所讲的内容时，不知不觉中也会入睡。

作为班主任，不要一看到这场景，就火冒三丈，要用诙谐的语言，用关爱的举动，烘热孩子的心灵。其实，孩子在课堂上打瞌睡总有他的理由，若非真的想睡，谅他也不敢在课堂上这么张狂。

班主任可通过家访、与家长电话联系、走访同学等手段，了解孩子想睡觉的原因，然后，有针对性地采取一些有效的干预措施，设法让孩子精力充沛，以提高孩子课堂听课的效率。

事情并没有到此为止，过一段时间，缓冲期过后，班主任可独辟蹊径，采取如上文中送诗等别具一格的手段，善意地把诗作为礼物送给孩子，让他作为座右铭，铭记在心，无形中，孩子将时时提醒自己，不要再在课堂上睡觉，从而起到一种意想不到的警示效果。

17. 不露声色
——应对孩子的课堂率性行为

 **情景再现**

新的一年快到了,我决定在语文课上教孩子们写新年贺词,彼此祝贺新的一年快乐。

在简短的例词赏析之后,我开始让孩子们动笔,写给最想送的同学或老师。之后,我们进行交流。

亲爱的马洪佳:

祝愿你在新的一年,如一匹奔驰的黑马,不断地取得佳绩,各方面更上一层楼!

你的同学:朱利超

朱利超同学的朗读赢得了我们的掌声,看他的祝贺语,利用了同学的名字,多么地巧妙啊。

下一位,我叫到了卢秋阳。

亲爱的马洪佳:

祝愿你如骏马奔腾,不断地往前冲!!!

你的同学:卢秋阳

卢秋阳一开口,我们全都笑了,无巧不成书,两个孩子都不约而同地想到了要送给马洪佳,真凑巧。

"马洪佳,你来读读你的新年祝贺词。"自然而然,我想到了他。他居然朝我看看,趴在桌子上不肯动。再叫,他依然不肯动。我让他的同桌袁佳帮他读,谁知他拼命地按着贺卡,不让她读。

全班同学很惊奇,纷纷用眼睛看着我,等待着我的处理。

 **临场应变**

嗯！好奇怪？有什么见不得人的事吗？我内心开始纳闷。我连忙走到他的身边，一看就恍然大悟。

许伟家：

祝你不要像我们口中所说的死（桐乡方言"死"与"许"同音）伟家一样。

同学：马洪佳

天哪！原来写着这么一段见不得光的文字，难怪他不愿意起来读了。怎么有这样的孩子啊？新年祝贺词居然写成了诅咒语，这是我从教生涯中从没遭遇过的。

我不露声色，没有指出来。"既然马洪佳不愿意说，我们就另外请一位吧。"我请刘学超来读他的贺卡。

后来，又趁着孩子们互赠贺词之际，我轻轻地来到他身边，对他悄悄地说："你真是以小人之心度君子之腹，哪位同学如你那样斤斤计较？快，擦掉，重新写吧。"他连忙用橡皮擦掉了，快速地写了一段话，然后去送给朱利超。

之后，我又悄悄把他拉到身边，轻声地教育他。"你心胸有些狭窄，看看有多少同学送贺词给你，而你却写这么几句话送给别人。你应该感到惭愧啊！"他不好意思地点了点头。

"下回别再这样了。这回，许老师就帮你保密，不然同学们知道了，你好不容易建立起来的好印象又要烟消云散了。"他听了之后，头点得如小鸡啄米。

周一，收到了他的日记本，他把他的心路历程在日记里如实地记录下来了：

星期五的语文课上，许老师让我们写新年贺词。有很多人都写给了我。我的内心真感动啊，决心要学好每一门功课来报答同学和老师。

可是，我却因为和许伟家的恩怨而把新年贺词用来骂人了。当时，老师叫我站起来读贺词，我有点不想，怕在同学面前丢脸，所以没有站起来，我知道我错了。

我真是不应该啊。我要在这里向许伟家说一声对不起。

许老师悄悄地叫我重新写，我就赶紧把这个全部擦掉，重新写给了我的好朋友朱利超。我虽然和他打过一次架，但还是和好了。不一会儿，我们大家都快写好了，老师叫我们去读给写的对象听，我就去读了。

第二天，我们就放假了。我还在想昨天的事。因为昨天太令我感动了，我真的很感动，我实在已经没有话可说了，只有对大家说一声谢谢。

平实的文笔，简单的语言，表达着他内心的忏悔和感动。

 温馨提示

王晓春老师说，要先诊断，再治疗。倘若在课堂上，一看见孩子不愿意站起来，作为老师的我，以师道尊严为重，不分青红皂白，劈头盖脸地先来一顿训斥，或以不尊重老师为由，狠狠地来一顿教训，或者，我干脆把他写在上面的那段文字当众读出来，那还有上面的这篇日记吗？还有这个素来内心坚硬的孩子心灵深处那份流淌着的感动吗？结果只能是他与老师、同学心灵的距离越来越远，孩子变得更加的朽木不可雕也。

当老师叫到孩子，孩子却不愿意站起来读给大家听，肯定是有一定的理由的。因为每一个孩子都知道，老师叫到他，作为学生的他，是要站起来并按照老师的要求做出回答的，他逆其道而行，必然有他自己的理由。这个时候，作为老师一定要沉住气，控制住自己的情绪，不要轻易发火，同时，还要想办法，了解清楚他不肯站起来，按着书本不放的理由。看看到底是什么原因，导致了孩子不肯站起来，然后，再有针对性地进行一些教育。

作为老师,面对这样的情况,切忌当众批评孩子并揭穿他的真实所为。这是最得不偿失,也最不能见效的。

不露声色,平息众生的好奇,正常上课,装出一点也不在意的样子,然后,找机会私底下与孩子交流,告诉他,这是不对的行为,这时的孩子,也知道自己错了,内心会产生一种愧疚之意,进而会用正确的行动来弥补。就如上述例子,老师趁孩子们交流之际,再单独与他说一些道理,此刻的他,内心洋溢着对老师的那一份感谢,会马上知错就改。

于是,就出现了上面精彩的一幕幕。教育的诗意、教育的智慧,就在于用一颗探究的心,呵护孩子的那晶莹而又脆弱的自尊心。

18. 微笑
——应对孩子上课不带课本的行为

情景再现

语文课,我们沉浸在《掌声》中,正被课文中的同学们对患有小儿麻痹症的英子送上的掌声所深深打动,我透过捧着的语文书,猛地发现,陈金伟和钱盈合用着一本语文书。钱盈那张小小的脸上微微透着一丝不安。

"咦!你们怎么只用一本书?"我甚觉奇怪,走过去轻声询问。

"钱盈她今天没有带语文书。"陈金伟说,钱盈的头低下了,眼睛不敢正视我。

我看着她那忸怩不安的神情,随即问:"没有带书,书到哪里去了呢?"

钱盈的头低得更下了,眼神中掠过一丝惊恐与不安,她说:"昨天晚上我做好作业后整理了书包,今天早上我妈妈又叫我读读课文,结果我忘记把语文书放进书包了。"孩子的声音中带有了一丝哭音。

 **临场应变**

唉,我带了这个班快两年半了,尽管我一直强调要及时整理书包,也一直重视学生习惯的培养,但时不时还是会有这样的现象发生。

我朝钱盈看了一眼,正想训斥几句,但话到口边,被我咽了回去。此刻,我批评她,坏的是全班孩子听课的心情,还有我自己的心情。再说,不就就没带一本语文书吗?看这孩子的表情就知道,这孩子只是忘记了带来,根本没有对抗老师的情绪。

我镇定了一下情绪,微笑着说:"早晨在看书,那是好事情啊!有一句话说,早起的鸟儿有食吃,很惭愧,许老师小时候是一个睡觉大王!所以我最敬佩那些爱在早晨看书的孩子了。"听我这么一说,全班同学都开怀一笑,钱盈抿着嘴微微一笑。

"以后,谁若在语文课上忘记带书了,不要紧张,先去邻班借一本,若不与他们的课重合,那不就解决问题了吗?这不是小菜一碟吗?"我做出吃小菜的馋样,全班同学情不自禁地再次笑了起来。

"不过——"我清了清嗓子,用眼睛扫视全班的孩子,话锋一转,正色道,"即便早晨看书,也尽量不要把书遗忘在家,及时整理书包和文具,是我们应该从小养成的好习惯!我们要做一个有条理的人!"我把大大的两个字——"条理"写在黑板上。

"我们要做一个有条理的人!"孩子们跟随着我,重重地一字一顿地朗读。

"孩子们,此刻,就这件事,你们觉得该表扬谁呢?"我问道。

"我觉得要表扬陈金伟,他很乐于助人。"陈松说。

"我也觉得要表扬陈金伟,他主动和钱盈合用一本书,同学有困难,他能主动帮忙。"陈思豪说。

"同学没有带书，主动与她合用一本书，这种共享与助人的精神是很值得我们学习的。让我们接着走进英子那丰富的内心世界……"

 温馨提示

现在的孩子，依赖性强，过着衣来伸手、饭来张口的生活。低年级孩子，时常会有把课本忘记在家，没有带到学校的情况。忘记带课本的原因是，孩子的动手能力差，没有养成及时整理书包、整理文具的习惯。班主任平时要重点加强孩子的习惯教育，培养孩子及时整理书包的习惯，提醒家长尽可能不要为孩子包办代替，每天要督促孩子整理书包，形成把各类文具归类摆放的习惯。平时在学校，要多开展一些整理书包的比赛，培养孩子的动手能力，在不断的训练中，孩子做事的条理性将逐渐提升。

但是，训练再有素，也难以避免个别孩子偶尔遗忘课本在家的事情。班主任要善于用微笑的表情、幽默的语言，解除孩子内心的不安，并指点方法，若忘记带书，可让孩子去邻班借，以解燃眉之急。

同时，别忘了挖掘可以用于教育的资源：那个愿意与同学分享合用一本书的同桌，必将是一个受欢迎的孩子！我们要向他学习！

19. 切勿当场毁损
——应对孩子上课玩东西的行为

 **情景再现**

"许老师，庄校晴他正在玩一个木头小玩偶！"正当我绘声绘色地在示范朗诵课文的时候，可爱的陈松站起来检举揭发。

顺着眼角的余光，我看到校晴的小手迅速往抽屉里一塞。那速度可以用迅雷不及掩耳之势来形容。

"哦,是吗?"我连忙放下书本来到校晴的身边。只见他微微抿着嘴,不停地低声说:"我没有,我没有。"

"没有吗?"我朝陈松看了一眼,很轻松地问。

"他刚才根本没有在听你朗读,我看到他玩的。"陈松毫不犹豫地说。

教室里弥漫着一种紧张的气氛,犹如正拉紧的弦一般,52双眼睛一齐聚焦在我的身上,似乎都在等着我这位"法官"的审判。

 **临场应变**

"呵呵,没有吗?那用我的'探照灯'照一照。"我边说边用两只手的大拇指和食指组成两只圆灯,放在两只眼睛上,四处照射一下。看着我那滑稽的动作,全班孩子情不自禁地笑了,教室里的紧张气氛顿时消散了。

我低头伸手在校晴抽屉里一找。呵呵,一个可爱的蓝黄相间的小木偶玩具顿时出现在我的手心里。我上下不停地端详,"怎么玩啊?哪位同学告诉许老师一下?我好想给我儿子也买一个!"我揶揄道。

"许老师,只要把那个发条拧紧,把它放在桌子上,它就能跳街舞了。"胖乎乎的沈杰如此教我。我按照他所指点的方法,拧了拧发条,放在庄校晴的桌子上,"哒哒哒哒……"果真,那个可爱的帅哥玩偶上下扭动,摇摆着跳起了时尚的街舞。

"哇!这么好玩啊!我没事做的时候也要玩!让我玩够了再还给你!"听我这么一说,全班同学哄然大笑,校晴的脸也由阴转晴,露出了笑容。

"欣赏完了木偶街舞,接下来该欣赏真人朗读了吧!"我把小木偶放在了讲台上,又重新开始了示范朗读课文,教室里又恢复了平静,校晴也开始投入地听课。

下课了,我请校晴来到办公室。他告诉我,这个木偶玩具是姑姑在他生日时送他的,他觉得好玩,才带到了学校。哦,原来是这样啊!

"哦!原来这是珍贵的生日礼物啊,许老师若毁损了,倒有点过意不去。那这样吧,暂时寄存在我这里,我替你保管,等学期结束或者说你觉得你能自控了,不再把玩具带到学校里来,不再上课时玩玩具,再找我要回去,好不好?"我用商量的口吻问他。他在一边点点头。

风平浪静了大约三周,某一天,我在下课后正准备离开。这时,校晴走了过来,他对我说:"许老师,我现在能保证不带玩具到学校,也不在上课时玩玩具了。"

"哦!好啊!那是好孩子了。"我笑着摸摸他的头。

"那你是不是可以把小木偶还给我了呢?"他见我没反应,提醒道。

"好呀!可以。那你与我一起去办公室里拿吧。"

他拿过玩具,欣喜地对我说:"许老师,谢谢你!"

温馨提示

现在的孩子入学年龄日渐趋小,虽然许多时候,班主任三令五申不许孩子带玩具到学校,但在课堂上玩玩具,这在中低年级,是时有发生的事。

一般孩子把玩具带到学校,那说明他在这个时间段正对这个玩具发生着浓厚的兴趣,从某种意义上来说,可以说是钟爱不已,所以要不顾规则与申令,把玩具带到学校,要在同学面前显摆。倘若他在课堂上被同学揭发而导致被老师发现,或老师亲自发现,班主任记得千万不要当场毁损。许多班主任有一个习惯,当看到孩子在课堂上玩玩具,马上让孩子扔垃圾桶里或用脚碾碎,有种宁为玉碎,不为瓦全的感觉。殊不知,当场毁损,会在孩子的心灵上不经意地埋下"怨恨"的种子,他会怨恨打小报告的同学,怨恨你这位不讲情面的班主任。因此,可能会导致他不喜欢你这位班主任,进而讨厌你所任教的学科,一系列无形的连锁反应由此产生。

班主任可暂时先收下玩具，等下课后再了解孩子玩玩具的原因，再对孩子说，班主任将暂时保管，等他觉得有意志能控制住自己在课堂上不玩玩具时再来拿，给予孩子一个改正的机会。

孩子因此会对你充满感激，进而，你会渐渐赢得他的心，那对以后班主任工作的顺利开展是一个有力的帮助。

20. 一咏三叹
——应对孩子注意力不集中的行为

 **情景再现**

又一节语文课，我和孩子们一起沉浸在《灰雀》的美好情境中。我让孩子们读课文，请到谁谁就来接着朗读。

"陈松。"我叫道。

"有一年冬天，列宁在郊外养病。他每天到公园散步。公园里有一棵高大的白桦树，树上有三只灰雀：两只胸脯是粉红的，一只胸脯是深红的。它们在枝头欢蹦乱跳地唱歌，非常惹人喜爱。"陈松有声有色地读着。

"张煜。"我连忙叫另一个孩子的名字。

"列宁每次走到白桦树下，都要停下来，仰望这三只欢快的灰雀，还经常给它们带来面包渣和谷粒。"张煜接得很顺畅，看得出，同学在读时，她听得专心致志。

"陈思豪。"我打断张煜的朗读，继续叫道。

陈思豪读道："一天，列宁又来到公园，走到白桦树下，发现那只胸脯深红的灰雀不见了。他在周围的树林中找遍了，也没有找到。"

"时应双。"我又打断陈思豪，叫时应双同学。只见他怔怔着身子慢慢地站了起来，眼睛不停地扫视着书本上的内容，张了张嘴巴，却没有发出声音来。下面坐着的同学一个个都瞪大了眼睛，朝他看看，再朝我看看。他一脸尴尬地站在那里，似乎在为自己刚才的走神而后悔。

临场应变

乖乖，就这么一会儿时间，就走神了啊，难怪成绩这么差劲。我真想劈头盖脸狠狠训斥他一顿。转而一想，我不能破坏了大家听课的情绪。再说，大家正"虎视眈眈"地看着我呢，我做老师的，可要有一点修养哦。

"时应双，先请坐。"我看见他站在那里发呆，就先用缓兵之计，先请他坐下。

"赵成俊，你来读。"我连忙请另一位同学来接着读。

"这时，列宁看见一个小男孩，就问：'孩子，你看见过一只深红色胸脯的灰雀吗？'男孩说：'没看见，我没看见。'列宁说：'那一定是飞走了或者是冻死了。天气严寒，它怕冷。'那个男孩本来想告诉列宁灰雀没有死，但又不敢讲。"

"时应双，你来读！"我赶紧打断赵成俊的朗读声，又重新叫到了时应双，猝不及防。孩子们没料到我会来这一招，时应双也一样，刚以为逃离了虎口，谁知道又遇见了危险。可爱的时应双还是不能马上接下去读，眼睛上下扫动着。

下面坐着的孩子们一个个宛如倒吸了一口冷气，凝神屏息看着我。

"列宁自言自语地说：'多好的灰雀呀，可惜再也不会飞回来了。'男孩看看列宁……"好不容易，他能接下去，读顺畅了。坐着的同学都替他松了一口气。

"来！钱盈你来读！"我打断时应双的朗读说道。

钱盈站起来读道："男孩看看列宁说：'会飞回来的，一定会飞回来的。它还活着。'列宁问：'会飞回来？''一定会飞回来！'"

"时——应——双！"这一回，我把他的名字一字一顿分开来叫，声音比以前轻柔,那个结尾的"双"字带上了转弯的韵味。好多孩子听着我叫他的名字,偷偷地捂着嘴想笑却又不敢笑。

有了前两回的经验教训,这一回他倒注意力集中,能一下子接过同学所读的课文往下读。

"第二天,列宁来到白桦树下,果然又看到那只灰雀欢蹦乱跳地在枝头歌唱。那个男孩站在白桦树旁,低着头。

"列宁看看男孩,又看看灰雀,微笑着说:'你好!灰雀,昨天你到哪儿去了?'"

"当然,灰雀没有告诉列宁昨天它去哪儿了。列宁也没再问那个男孩,因为他已经知道男孩是诚实的。"

有了这一回时应双同学"一咏三叹"的经验教训,每每有同学在读课文时,坐在下面听的孩子,再没有走神接不下去的现象了。

温馨提示

在上课的过程中,经常会遇见有孩子注意力不集中、走神的现象。作为班主任,要有这方面的思想准备,切不可将其视为洪水猛兽,应该积极地思考和探究问题的根源与解决途径。

平时,要善于营造一个轻松、愉悦、高效、和谐的班级氛围,让班上的孩子处于这样的一个集体中,有回家的感觉,这非常有利于改善学生走神的不良现象。然后,班主任可根据容易走神的孩子的实际症状对症下药,要跟孩子多谈"题外话",少说"正事儿",尽量想办法帮助孩子卸下负担,把注意力集中到正确的事情上来。

对于班上某几位走神"专业户",班主任要抓住一些机会,进行围截拦阻。停止批评和训斥,采取着重或变调等方式,一而再,再而三地请这个孩子接读课文或回答问题,让他在心里明白,他的走神已引起了班主任的高度注意,请自重,同时,也给其他孩子一个警戒。

其次，班主任可重点加强对这类孩子的集中注意力习惯的培养。对于这类孩子应逐步培养其静坐集中注意力的习惯。班主任可以从引导孩子看图书、听故事做起，逐渐延长其集中注意力的时间。还可以把他安排在教室的第一排座位上，先让他独自一人就坐，以便在上课时能随时受到老师的监督和指导。如果孩子在集中注意力方面有所进步，应及时表扬、鼓励，加以强化。

当孩子上课时表现出多动、注意力不集中时，班主任要尽可能少批评，少发脾气，切断他多动的源头，比如：玩玩具，先收掉玩具；玩橡皮，先收掉橡皮，让他自讨个没趣；摇桌子时，悄悄走到他身边，敲敲他的小脑袋，以示提醒。让他感觉到你这位班主任在时刻关注着他，这样他就不敢轻举妄动了。

除此以外，班主任要尽可能地多在班上开展一些有意义的活动，让孩子过多的精力有途径发泄出来。对孩子要进行正面的引导，使他们过多的精力能发挥出功效。同时，班主任要正确引导家长，促使家长组织自己的孩子多参加各种体育活动，如跑步、打球、爬山、跳远等，释放孩子充沛的精力。

21. 有效提高积极性
——应对孩子经常不做家庭作业的行为

 **情景再现**

今天一早，清新的晨风吹拂在脸庞，我早早来到学校。走进教室，我让组长们快快收本子。小组长高鑫手中只有寥寥几本。可爱的朱振宇怎么也找不出生字本。"快交啊！就少你一人了。"高鑫不停地在催促。

"你的生字作业做了吗？"我问他。昨天放学时，他因为没做数学口算，被数学老师留到了五点多。我们两位老师对他爸爸可谓谆谆善诱，苦口婆心，让他们夫妻在赚钱的同时别忘记教育好自己的孩子，每天再忙也要挤出一个小时查看孩子的家庭作业，那家庭作业不就有保证了吗？

难道又没做好吗？

"我做了！我做了！"他反复念叨着这句话。"你做了，那你拿出来啊？"于是，他转着身子，在书包里东翻翻，西找找，可就是没有本子的影子。

我按捺不住了，走过去看他的书包，什么也没有。

"你做了吗？实事求是地说，到底做了没有？"我再次询问他。

"我做了！我真的做了！"他一副可怜巴巴的样子。

"那你拿出来啊！"我的声音不禁提高了八度。

"我做在昨天的小作文本上。"他撅着嘴巴说。"小作文本，不是昨天还你了吗？那你快拿出来啊！"我的声音又一次往上扬。

"我昨天放在办公室里了。"他脸不红，心不跳。

"放在我办公室里，那你回家怎么做？那不是没做吗？"我听了他自相矛盾的话，俩鼻孔快冒烟了。

"我真的做了！"他站在那儿轻声说。

我让他回自己的座位接着找他的生字抄写本。他在书包里捣鼓，往抽屉里张望，可什么都没有。这时，高鑫说："许老师，他的生字抄写本我早上看见过的。"

"噢？有这事？你真的看见过吗？"我连忙追问。

"是的，我看见过。"高鑫很肯定。

我恍然大悟。这毛小孩在"耍"我呀。我用眼睛狠狠盯着这孩子，他看我的目光躲闪不定。我刚才已看过他的书包了，没有生字抄写本，如此说来，肯定在抽屉里了。

只见他的手一会儿往抽屉的左边伸伸，一会儿往右边翻翻，依然是找不到的样子。我看穿他的"鬼把戏"了，生字抄写本肯定是被他放在抽屉里的某本书中。

我示意他找出来。在我的目光逼视下,他翻开了音乐书,把生字抄写本拿了出来,里面空空荡荡的一个字也没写。

临场应变

小小年纪居然这么会"装"。作业本明明在,却故意说找不到。我没多说一句话,抿紧嘴巴,睁大眼睛,用眼光狠狠瞪着他,足足近3分钟。他在我的目光逼视下,原本那带点无所谓的嚣张气焰开始下降,目光开始闪烁不定。

"你给我说说清楚看,刚才为什么要如此的装呢,没做就没做,老老实实地说,补做一下,不就可以了吗?"我做了一个深呼吸,尽可能地让自己的声音轻柔些。

他站在那里,半天才说:"我怕你批评!"

怕我批评是现实。屡屡不做家庭作业,我能不批评吗?知道怕批评为什么不做呢?"知道我要批评的,那你昨晚为什么不花个十分钟把它做好?"我对他轻轻地说。鲁迅说,哀其不幸,怒其不争。

我朝他挥挥手,示意他回座位,快点补写。不到十分钟,他就已补写好了,拿着本子过来了。我朝他看了看,目光柔和,发现他的字写得不错,就在字的下面画了一张笑脸(^_^)。我把他拉到我的身边,"振宇,刚才不到十分钟,你给了许老师和你自己一个好心情,这是我的笑脸,把它送给你,愿快乐常陪伴你!"我给他一个灿烂的笑脸,孩子也甜甜地笑了。

"振宇,收集5张笑脸,就奖励你一张喜报。向你的爸爸妈妈报喜,让他们感受你进步的喜悦,好好地为你的家长争点光,好吗?"我抚摸着孩子的头,笑着对他说。

孩子站在一边,重重地点了点头。这时,他告诉我,昨天他忘记把生字本带回家了,所以没有做作业。

"许老师，我不是不愿意做，我经常会忘记带作业本回家，所以没法做。"孩子这时可怜巴巴地说。

"哦，是这样啊！那我以后专门让你的同桌在放学前提醒你一下。希望你每天能给自己一张笑脸，好吗？"我对他说。

"好的。谢谢许老师。"

自从送给孩子笑脸（^_^）后，振宇做家庭作业的热情高涨，开始脱胎换骨。据他妈妈说，他现在高兴做作业了，在家不用妈妈催了。

 温馨提示

在班上，总有那么几个孩子，不愿意做家庭作业，或者漏做家庭作业，这些孩子，知道家庭作业不做是不对的，班主任会批评，会责令他重新补好，他们经常采取的招数是，要么说找不到本子，要么说忘在家里了，企图逃避责任，逃避班主任的批评，令我们这些教育工作者长吁短叹，徒生黯然惆怅。

孩子不做家庭作业，这里面有家长的因素；这些孩子的家长，往往在理念上不够重视孩子的教育，觉得孩子的学习是老师和学校的责任，与做家长的没多大关系；或者，他们认为读书主要靠天赋，读不好书，成绩不好是天注定的，不需要家长多操心；又或者，这个孩子在家处于失控状态，家长根本拿他无可奈何，没有能力督促孩子完成家庭作业。作为班主任，要在短时间之内转变家长根深蒂固的观念，是艰难的，很难取得明显效果。

此等情况下，依靠家长，家校联手，只能是海市蜃楼。班主任只能单枪匹马，依靠自己的力量，想办法来改变孩子对做作业的态度。作为班主任，积极主动的做法就是想办法来提高孩子自身做作业的积极性。若能有效提高孩子做作业的积极性，那种不做家庭作业的现象将大大减少。

怎么来提高孩子做作业的积极性呢？不要动辄批评，找父母，这没有效果。当孩子补好家庭作业后，可参考上文中所说的方法，给予笑脸（^_^）奖励，让他体验到自己的劳动果实得到承认的愉悦。收集满5张笑脸（^_^），给他的家长送喜报，让他的家长感受到自己孩子的进步，让孩子体验到父母因为自己的改变而喜悦。毕竟，每一个孩子的心底都有做好孩子的愿望。

22. 连环式奖励
——应对孩子学习态度不端正的行为

 **情景再现**

第一课《给老师的一封信》第五自然段要求背诵。我早在双休之前就给孩子们布置背诵的任务了。孩子们都很认真，早早都去准备了。

要求背诵的第一天，一大半同学都会背。等第二天吃完中饭，只剩下寥寥五位同学会背。无奈，我只好实行"无产阶级专政"，午休时，让孩子们在走廊上练习背诵。

我一一走到身边，细细了解情况，除了杨伟涛我原来任教时就知道他懒外，刘思依、沈培杰、胡伟杰老实告诉我，他们在原来的班级时就背得很慢很慢。而在课堂上从不开口的陈鑫炜竟然低声对我说："我在新南（一所村小）时，总是不背课文。"

 **临场应变**

这一句话，不亚于一颗地雷在我耳边爆炸。这可是我让他背诵的第一次，倘若放弃，下次再也甭想让他背课文了。我可不能轻易放弃呀。我耐心地教了他背诵方法（读一句背一句）后，独自进办公室忙自己的事了。

此刻，同办公室的同事正躺着在睡觉。落后分子们非常乖，一个接着一个敲开了办公室的门，看到静悄悄的办公室，背得特别优雅。虽不甚流利，但总算背出来了。走廊上只剩下那个可爱的鑫炜了。

"你进来吧。"我尽量压低声音轻轻呼唤着他。他低着头进来了，站在了郑老师的椅子边上。

"谢谢你！鑫炜是个乖孩子，许老师让你进来，你马上进来了，而且你以前从来不背诵的，今天能坚持到现在，虽然你还没背出，但你这么尊重许老师，许老师心里很感动，来吃两颗高级糖吧。"我拿过一年级老师送来的糖，递给他两颗，"许老师奖励你两颗高级糖，作为你辛勤背诵的犒赏！"他微笑着不好意思地拿到了手中，脸如盛开的山茶花。

站在走廊上，背了快半小时，的确不容易，我连忙"贿赂"他一下。"快请坐吧，郑老师不在，你就坐她那里吧。"他移了一下屁股，仍没坐。我把他轻轻地按到了座位上，他终于坐了下来，拿着书本耳语般地背了起来。

好久好久，还没见他有一点向我背诵的动静，我连忙微笑着轻声对他说："怎么样？试试好吗？"他转过身来，开始了轻声的背诵：

"老师，这一切也许您已经……忘了，因为您……付出的太多太多。而我却……永远也忘不了。在……在几十年漫长的……岁月里，谁也……数不清……说不清您……"

唉，短短的那一段文字，即使回家不去背，将近一个小时了，也该背出来了。这可怜的记忆力，多折磨人呀，我不禁同情起他来。

于是，我悄悄地张开了嘴巴，与他一起背了起来：

"谁也数不清您为学生付出了多少心血，谁也数不清您为国家培养了多少人才，只有您头上的银丝和眼角的皱纹是您辛勤耕耘的见证……"

在我的悄然引领之下，孩子终于"背"出了。此刻，身处空调房里的他额头竟然沁出了汗珠。"哎呀！真是不简单。我就说了，咱们的鑫炜从此之后将迈向成功，瞧，这不，就开了一个好头，许老师太激动了。"

我连忙拿起红笔在他书本上打了★★★。

第二天早上，一批家长联系本才发现，陈鑫炜的作业没做完。我连忙与原来教他的屠老师联系。我从屠老师的口中证实：那孩子的确不行，如她所说，从没背过课文，他总是背不出，只能随他去了。看来，他对我说的情况属实。

记得苏霍姆林斯基说："只有当儿童的脑力劳动给他带来某种成果时，他才能最大限度地挖掘自己的精神潜力。有了成绩，才会产生学习的愿望。"倘若，我今天首先批评他没完成作业，那不是又给了他打击吗？不，绝对不能这么做。我暗暗对自己说。

第一节语文课，上《敲开世界冠军的大门》，师生问好后，我语气非常的郑重，"孩子们，昨天鑫炜令许老师骄傲，因为从来没有背过课文的他，昨天居然通过自己的努力，把第一课的第五自然段给背出来了。多么不简单，多么不容易呀！他用自己的努力，用自己的勤奋推开了成功的大门！"我的语气越来越高昂，全班同学的目光齐刷刷地全都射向了他，充满了敬佩。

"对于这样敢于挑战自己的同学，许老师由衷欣赏，并为他骄傲！来，孩子们给点掌声，祝贺他的新生。"掌声中，他抿着嘴，努力抑制着自己的得意，可眼睛却成了一朵花。

"让掌声再猛烈一些吧！"再一次雷鸣般的掌声响彻班级。

"我们握个手吧！"我边说边快速地走下讲台，握住了他胖乎乎的手。

"孩子们，尽管现在鑫炜同学只是推开了成功大门的那么一条小小的门缝，"我用手指可爱地比划"门缝"的大小，孩子们情不自禁善意地笑了起来。"我相信，成功的大门总有一天会朝陈鑫炜敞开！这节课，老师带领大家一起走近一位成功者，一位敲开世界冠军大门的英雄——容国团。"

孩子们精神振奋地投入到了新课学习之中。鑫炜出奇的认真！

温馨提示

学习态度是学习者对学习的评价而产生的肯定或否定的内在的反应倾向。学习态度端正与否对学习效果具有重要影响。一个班级中,总有几位学习态度不端正者,不断地纠缠着我们班主任的心。

面对这些学习态度不端正的行为,我们首先要摆正心态,十个手指有长短,一个班级中,不可能每一个孩子都是勤奋好学的,特别是现在的"00后"孩子,物质条件优越,电视、电脑、网络游戏等外界的诱惑太多,越来越多的孩子学习态度不认真将是一个发展趋势。

对这一个群体的孩子,班主任要把他们当做一个课题来研究,从根源上了解孩子学习态度不认真的原因。一般分三种原因:一是历史遗留问题,从一年级开始没有养成一个良好的学习习惯,比如上文中的鑫炜,从来都不背诵课文,那他当然是不愿意背诵了;二是因受到外界诱惑,比如对电脑、电视入迷,那班主任应该及时与其家长联系,切断诱惑源;三是因孩子自身懒散,人生没有目标,做一天和尚撞一天钟。

班主任了解了孩子学习态度不认真的原因,对症下药,可采取连环式奖励的方式,当看到孩子在学习态度上的一点点进展,就要想出法子来进行鼓励,让孩子不断地处于亢奋之中,以此来呼唤孩子前进的信心,激励孩子树立人生的目标,以外界的精神鼓励去激发孩子内心的驱动力,让孩子品尝到自己学习态度端正带来的成功感、喜悦感,从而不断地修正自己的学习态度。

第三章

应对孩子的品行问题

孩子在成长中难免犯错，面对班上的一些品行不端的孩子，班主任不要把他们视为洪水猛兽，觉得这些孩子不可救药。班主任要善于用心、用计、用人格魅力去征服孩子，让他们感受到世界的温暖。

该惩罚时就惩罚，让他们明白，什么是该做的，什么是不该做的。

23. 用人格魅力去征服
——应对孩子不给脸面的行为

 **情景再现**

下午第二节是体育活动课，想着跳绳比赛临近了，我与孩子们商量，进行跳绳训练，他们欣然接受。

开始去走廊排队了。这时，陈华说："许老师，陈鑫炜不高兴下去。"不高兴下去？有这么一回事吗？我让大家先去外面排队，以为朝他一打招呼，他就会走出来了。

"喂，下去练跳绳了。"我轻轻对他说，谁知他如泰山般纹丝不动。

一连几次，他依然如钉子一般，手里拿着一本数学练习本，端坐在座位上，当我这位班主任为白板。

 **临场应变**

哇！居然有这样的孩子啊！太不把老师放在眼里了吧？这算什么名堂呢？正当我想发作的时候，想想算了，生气又有什么用呢？

"孩子们，大家先下去练习跳绳吧，咱亲爱的鑫炜同学的两只脚被钉子钉牢了，许老师要先帮助他'拔一下'。"我走到走廊，笑着对孩子们说。孩子们一听我这么说，纷纷笑着下去了。

"帅哥，能告诉我什么原因吗？能开个金口吗？"我边笑边问。

他朝我看看，依然没有声音。

居然有这么沉得住气的孩子啊。"帅哥，要不，等一下同学问起来，我就说鑫炜的钉子我拔不了，你看怎么样？"我依然笑着。

"呵呵。我不会跳。"他终于露出了笑容，并从他那整齐的牙缝里挤出了这么几个字。

"不会跳，没关系的，我让大家甩慢一点好了。谁一生下来就会跳呢？"我心平气和。

"我不会跳，他们会笑话我的。"孩子的声音很低，红着脸。

"噢，这样啊！你有这顾虑，做老师的我理解。在我读书的时候，也最怕同学笑话呢。要不，这样吧，帅哥，我与你一起学着跳，我也正想练习跳长绳呢！"我用商量的口吻征询他的意见。

他朝我看看，不好意思地点了点头。

我和他一起走下楼梯，走到了操场上。孩子们早已分成三组，在练习跳长绳了。

"孩子们，许老师小时候没有机会跳这种长绳，我的脚丫子好痒啊！我也想学，你们可别笑话我啊！"我对孩子说。

"好呀好呀！太好了！许老师，我们来教你！"有孩子一听我说要练习跳绳，开心地拍起手来。

"唉，许老师跳长绳可不会，为了让你们欣赏我刚学跳绳时笨拙的样子，我决定第一个跳。"我排在了第一个，鑫炜按照我的示意，排在了我班跳长绳的最后一个。这黑黑粗粗的绳子甩过来了，我装出不敢跳的样子，用身子试了一回又一回，"喂喂喂！你们甩慢一点，我害怕啊！"孩子们在边上看我这胆小、笨拙的样子，都笑得前俯后仰。我用眼角的余光观察着鑫炜，只见他也笑得合不拢嘴了。

在我的"努力"之下，好不容易跳过了一个。孩子们也为我的"胜利"而开心。

轮到鑫炜了，历史性的一幕是如此的惊人。"鑫炜，不用怕！咱女流之辈都挺过来了，你是一个男子汉，怕什么！"我大声地对鑫炜说。只见他的头试了几回，在陆志宏的顺势一推下，胜利地跳过了一个。

因为他的表现与我的像极了，有了我在前面开路，也就没有一位同学去笑话他。全班孩子的关注点都放在了我的身上。我一回又一回"愚笨"

不敢跳的样子，惹来了孩子们一阵阵的欢笑声。

鑫炜也开始放松了神经，跳得一次比一次好。孩子们全然不知，我这位动作如企鹅的班主任小时候可是有名的跳绳高手啊！

 **温馨提示**

孩子不听话，不给你留脸面，当你班主任的"命令"为白板，这是新新人类——咱们的"90后""00后"孩子，给予班主任的一大严峻的考验。

班主任千万不要与孩子硬来，要巧干，要善于运用自身的人格魅力去征服他。在班上，平时要关注这几个不听话的孩子，要驯养他们，努力走进他们的心灵。若遇见如上文当中的令班主任下不了台的场面，班主任要富有牺牲精神，学会及时为自己解围，要善于用幽默的方式，撬开孩子的嘴，了解孩子不听话，不给你留脸面的原因。世界上没有一个孩子故意想让老师下不了台，孩子这样做，一定有他的理由。当原因知晓后，班主任要放低姿态，装疯卖傻，在这个孩子出丑之前，先让自己出丑，让全班的孩子把注意力集中到班主任身上，为这个孩子释放心里的负担与压力。

放低了架子的、平民化的班主任，容易受全班同学的欢迎，更易得民心。人生到处知何似？应似飞鸿踏雪泥。以无痕的暂时"牺牲"征服的将是永恒！

24. 巧妙地转个弯
——应对孩子骂老师的行为

 **情景再现**

第三节是图书借阅课，四位图书管理员借书去了，我端坐在讲台边批阅第六单元的考卷，同学们都在下面专心致志地做作业。

批到晓义那一张，一个个叉叉交错分布，一道道题目的错全是因为没认真审题。此时，我内心的火苗噌噌直窜。一看成绩，居然只有69分，全班倒数第二。聪明如他，语文竟没一次考好过，不是这里马虎失分，就是那里乱写，不读题目……令老师看了伤心加沮丧。这孩子啊，每次家庭作业本上的字如鸡爪一般地挥舞，他的家长则忙着做生意赚钱，从不回家，家中只留一位七十开外的奶奶陪伴他。每天放学我总叮嘱孩子认真写作业，可第二天依然是这张"旧船票"。一想起他的家庭作业，我心中更是窝着一团火，要是他平时认真对待学业，也不至于沦落到这一地步。

"晓义，上来！"我大喝一声，随手把考卷扔在讲台上。

他红着脸上来了，站到了我的身边。

"快捡起来看一看，你考了几分？"我边批考卷，边大声说。

他拿起卷子，翻来覆去算起了成绩，眉头皱得紧紧的。

"69分。"他低着头说。

"怎么如此之差呢？太不像话了。每天让你认真完成家庭作业，把字写好一点，就真的那么难做到吗？你做事情马马虎虎，只知道早点写好了去玩。看看你的语文成绩,总是那么烂！"我夹头夹脑狠狠地批评他。

此刻的他，耷拉着脑袋，站在一边。

"你做题目的时候，到底有没有审题呢？看你上课回答问题够精彩的，你到底哪一根筋搭错了呢？"他垂着头，站在那里不吭一声。

"快去订正！"我一声令下，他走下了讲台。

大概5分钟后，娟新上来了。"许老师，刚才胡晓义走下来的时候，我和胡晓金听到他说了一个字，那个字是骂人的。"

"他在骂人吗？"惊讶的我眼睛朝着晓金和晓义看。晓金煞有其事地说："我和姚娟新听到了那个字。"

 **临场应变**

骂人？怎么了？是不是我刚才的批评有点过火了，导致了他内心的懊恼。

在我的召唤下，晓义又走到了我的身边。

"你刚才在骂我吗？"此时，我竭力让自己冷静下来。这么多的眼睛扫视着我，大家都在看着我如何处理，我可要小心谨慎。我暗暗提醒自己。

"没有。"晓义的脸红极了。

我的目光朝向了娟新，这位可爱的女生又复述了一遍。

"那你刚才说了什么呢？"我又询问晓义。

"我说考了70分。"他低声地说。

"谁问你成绩呢？"我的目光开始巡视全班。冯烨站了起来："是我问的。"

我沉思了5秒，若是他真的骂了我，此刻，我若严加训斥，那我与他的心理距离更远了，倘若他没有骂人，那受人冤枉不是很委屈吗？做教师的能大度一点就大度一点吧，何必与一个孩子斤斤计较。我清了一下嗓子，高声说道："同学们，大家想一下，刚才许老师批评胡晓义的目的是什么？"

"是为了他好！"大家异口同声地说。

"那我们聪明的胡晓义同学肯定也知道这一点。对不对？"我问他。

他拼命地点了点头。"大家想，晓义是那么善良的一个孩子，他在校外捡到了200元钱都来交给老师，素质这么高的一位同学会骂老师吗？会不明白这个道理吗？"

"不会的。应该不会的。"同学们纷纷说。

"就算心里不舒服，想骂老师，敢在这里骂吗？"

"不会的，肯定不会的。"同学们此刻已经完全肯定了。

"我和胡晓金好像是这么听到他说的。"娟新话中多了一个"好像"了。

"许老师是绝对相信胡晓义不会骂老师的。下去吧，认真修改吧。你最大的缺点就是乱做，不仔细读题，下回要注意了。"

"许老师非常感谢姚娟新和胡晓金同学，她们是关心、喜欢许老师才会分外关注晓义而及时报告的。谢谢你们！"两位小姑娘露出了笑容。

教室里瞬间又恢复了平静。

后来，我找晓义开诚布公地谈心，孩子的眼泪如断了线的珍珠掉了下来。自那一次开始，我真正走进了孩子的心灵，与他建立了美好的师生友情。

温馨提示

无风不起浪，孩子们出现任何的骂人行为，都是有原因的。哪怕你班主任是出于善意的批评，作为孩子，也可能暂时理解不了你那满腔的热爱之心，他若对你班主任心存芥蒂，或许会借助他的口，用小声骂的形式表现出来。

作为成人的班主任，切不可与孩子斤斤计较、正面交锋，若是这样，最终失败的还是我们班主任自己。得饶人处且饶人，对待孩子要用一颗宽容的心，要善于大事化小，小事化了。班主任要善于开动脑筋，巧妙地转个弯，挖掘这个孩子身上的闪光点，挖掘他身上原有的高素质，让全班孩子明白，他是不会做这样低素质的事，既给这个孩子留足了面子，又保全了班主任自己的面子。

然后，寻找机会，好好地与这个孩子进行沟通，解开孩子内心的那个结。孩子再冷酷的心灵也会被你的这一份宽容所打动。

著名教育家苏霍姆林斯基说，宽容有时候比惩罚更能得到人的心。班主任要善于以退为进，巧妙地转弯，这样方能取得决定性的胜利。

25. 打磨
——应对孩子太自负的行为

 **情景再现**

我班的班长陆志宏作为学校大队委员的候选人，将于今天下午第四节课参加竞选。昨天全体教师会议上，大队辅导员小朱老师说希望每一位班主任都能关注一下大队委员竞选这件事。

今天一早，我看见陆志宏，赶紧询问他，是否已准备。他自信满满地说，已准备充分。

上午第三节课，我正好有空，想看看这孩子到底准备得如何了，就去教室把他喊到办公室，给我看一下竞选词。

哎呀呀！不看不知道，一看吓一跳。那上面干巴巴的一段话，哪称得上是什么竞选词，什么我记忆力很好，家中的课外书有50到60本，如水一般平淡无奇，没一点儿文采，没一点儿趣味性和感染力。就凭这样的竞选词，很难竞选上大队委员这一职位。

志宏虽是我班的班长，但从他最近的作业情况来看，粗心和马虎不断纠缠着他。我常与他谈，要他把每次作业当成考试，把每次考试当成作业。可他依然如故，没见多少进步，听英语老师反馈这孩子的骄傲情绪严重。

瞧，这一回竞选大队委员，他根本就不当一回事，还轻描淡写地忽悠我说已准备好了，如此自负怎么了得？我要好好地灭灭他的威风。

 临场应变

立刻,我揪住他的"小辫",乘机板脸训斥:"你怎么回事,教了你好几年,你写起来依然如此口语化,读起来没一点点感情,如小和尚念经,速度快得不行,你这样怎么去参加竞选……"在办公室里,我对着他狠狠地批评。他站在一边,朝我看看,脸红一阵,白一阵。

一顿连珠炮的批评后,我的语气稍稍缓和,开始指点,"你速度这样快,不行的,要一个字一个字地慢慢来!你把《长恨歌》背给我听听。""汉皇重色思倾国……"他一如以往地快速背起来。

"不行不行!脸毫无表情,速度又这么快,没一点儿感情,那怎么行!"我连忙打断了他。随即,我示范背诵给他听,指点他如何处理朗读时的轻重缓急。

在我的指点下,果然,他读得好了许多。

他站在我边上背诵,我一边聆听着,一边拿过他的本子,用红笔帮着修改。随着他背诵的结束,我把他的竞选词也修改好了。

我叫陆志宏,今年11岁,我爱好十分广泛,我喜欢古诗文的背诵,《长恨歌》《出师表》等名篇我都能脱口背诵;同时,我喜欢科学,喜欢大自然;恒心和毅力是我最引以为傲的优点;我喜欢读课外书,每当我遨游在书的海洋中,我就感到特别的幸福。倘若,我今天能竞选上大队委员,我一定认真做好本职工作,让我们中山路小学大队部少先队更富有生机和活力。

尽管我的红笔在他本子上划得很凌乱,但他到底是天资不错的孩子,没多久就看懂了。我对他说:"你赶快整理一下,重新抄下来,等一下背出来,再给我听听。"这时的他,脸上露出了开心的笑容。

作为一班之长,他确实较忙,因为要负责的内容太多。中午,我看见他已誊抄好,问他背出了吗,他摇头。

第一节是品德与社会课,我让他去会议室准备。

第三节是体育课，运动员们去操场训练。没参加的同学则坐在座位上做作业，我让陆志宏站到讲台边去演练，他有点犹豫、畏缩。

我的眼睛狠狠盯着他，他终于站在了讲台上，没几句，以往那种速度快、无表情全又暴露无遗。我深呼吸一下，响亮地说："你怎么回事？下苦功了吗？"同学们没有想到我会如此严厉地批评班长，瞪着眼睛看看我，又看看他。他一人尴尬地站在台上，手足无措。

我板着脸，一遍一遍让他训练，足足五遍。向来，所有光彩的舞台都是他占领的。没想到，今天在众目睽睽之下，他一遍又一遍地用我的高标准训练着。

"瞧，你们看看，这就是台上一分钟，台下三年功。好好地学习！"我对其他孩子说。

一遍遍打磨后，这孩子说得有声有色了。我让他去操场训练接力赛了。

从操场上回来，还没等大家歇口气，我对他说："志宏，快去讲台上练一下兵。"他一下子懵了，用手搔搔头，怯怯地上去了。

"我叫陆志宏，今年十一岁。"说到这里，他发觉自己状态不佳，重新振作精神讲了起来，整体效果还可以。

"我们一起用掌声祝愿他能凯旋归来，光荣竞选上大队委员。"热烈的掌声响起。"放心，心态放好点，你肯定比别人好。"我鼓励着他。他和二班的汤化香到朱老师那里去了。

后来，我从他的口中了解到，原来五年级允许拿稿，就他一人脱稿讲。朱老师还让他背诵《长恨歌》，美术老师、音乐老师是评委，她们听得直拍手。他那天的表现，获得了评委老师和别班同学的好评。

好剑多磨，他的竞选成功了。自从竞选事件之后，他的自负消退了许多。

温馨提示

在班上,总有那么几个孩子,聪明机灵,睿智敏捷,是老师和同学眼中的好学生,学业优秀,在各种机会中都能展示他们的才华。老师喜欢他们,同学羡慕巴结他们,不知不觉中他们骄傲、自负的情绪就如疯长的野草一般滋长。

作为班主任,对这一类优秀生,要善于引导,要寻找机会,要学着去打磨他们。当班主任发现某一位优秀生有自负情绪时,可以先找他好好谈心,劝导他要谦虚、低调、好学,若孩子听不进去,只当耳边风,可针对孩子做得不够好的事情做一些文章,以高标准、高规格来严格要求他,并乘机在大众面前挫一挫他的锐气,灭灭他的一些威风,清醒清醒他的头脑,让他从良好的自我感觉中醒悟过来,让他明白人生就如逆水行舟,不进则退。

好剑多磨,在不断的打磨之下,他们才能真正成为谦逊好学、不断上进的好孩子。

26. 顺其道而行
——应对孩子的恶作剧行为

情景再现

"许老师,我的书包被晴晴画了。"纯纯来办公室向我告状。"哦,我知道了。"我正忙于批阅考卷,粗粗地应和了一下,并没有起身。

"许老师,我的书包被晴晴画了。"没多久,纯纯再次来到办公室投诉。此刻,她的声音已带上了几丝哭音。

我意识到问题已没我想象的细微,赶紧放下手中的考卷,跟随纯纯来到教室。

好家伙，纯纯那崭新的粉色书包上，全是乱糟糟的弯弯扭扭的水彩颜料，歪来倒去，上面大大的"大便"两个字，令人恶心，边上还用绿笔画着一棵苍劲的松树。

我的目光看向坐在纯纯后面的晴晴。这孩子此刻似乎成了全班公共的"敌人"。唉，问题孩子之所以为问题孩子，就是每天你根本想象不出，他会想出点什么招数，来给你制造点什么麻烦，来考验你的耐心和智慧。

"许老师，他还想把修正液涂在纯纯的书包上。"子涵告诉我。

全班孩子的眼睛一齐朝向我。

 **临场应变**

我看看晴晴那欲言又止的神情，知道此刻孩子的心里已充满了恐惧和害怕，他也意识到了问题的严重性，想试着用修正液来涂一下，看看是否有效。我若给他一顿狠狠的训斥，正好让他原本紧张的心灵寻找到抵触机会。此刻，我需要冷静，我要设法移情。

"你为什么要给她的书包画画啊？能不能告诉我？我不相信你是一个坏得不可救药的孩子。"我转身询问晴晴。

他站在一边，低着头，好半天才吭一声："我觉得好玩！"我知道，他说的这句话绝对不是谎言。这孩子天性好动、调皮，属于好动型学生。

"好玩就可以随心所欲吗？就可以随便在同学的书包上乱画吗？那我也在你脸上乱画，我也觉得好玩啊。"我拿起手中的红笔，在他两边的脸上，写了"大便"两个字，并画了一棵小树。这孩子一向在班上横行霸道惯了，不给他点颜色看看，就成班霸了。以其人之道，还治其人之身，并不过分。

孩子知道自己错了，抿着嘴巴，皱着眉头。

"你今天必须把书包上面的字迹擦去，不然，你也不能把写在你脸

第三章 应对孩子的品行问题

上的字擦去。"我朝他"狠狠"地说，"快抓紧时间去洗吧。"

我让他去拿一块蘸过水的抹布擦洗，没有一点作用。我也接过来和他一起擦，也没一点效果。

我让同学从办公室里拿来洗手液，和他一起擦洗书包，可是捣鼓了半天，这痕迹反而更清晰了。

"用洗洁精能洗掉吗？"一向爱帮人的张煜说要回就在学校对面的家，拿安利洗洁精来帮助晴晴。我很欣赏同学之间的这种互相帮助、互相关爱。不怕孩子犯错，就怕孩子冷漠。

没一会儿，张煜已拿来洗洁精，可用抹布去搓洗，那些印痕还是纹丝不动，如胶水一般牢牢地粘住了。

晴晴知道自己闯祸了，站也不是，坐也不是。

"洗不掉，你自己看着办吧？要么，带回家去让你妈妈去洗，要么，赔她一个新书包。"我甩下这句话，去办公室里上网查阅该用什么来洗。

"许老师，纯纯妈妈说，不用赔新书包，这一回就算了。"真的没想到，孩子们已经去传达室与纯纯妈妈主动联系过了。

我连忙打通纯纯妈妈的电话，讲清事情缘由，也感谢纯纯妈妈的宽宏大量并告诉纯纯妈妈，我不是为难晴晴，只是从教育孩子的原则出发，才对晴晴说一定要想办法洗掉。我这样做，只是为了让孩子记住，做任何事情的时候要考虑后果，而不能只为了好玩。我让纯纯明天背另外一个书包，这个书包明天让晴晴带回家去洗。

该上体育课了，晴晴羞于脸上的那两个字，没有下去，而是坐在讲台与投影仪之间的空地上。我把他请到办公室，为了照顾他的自尊，我首先帮他擦去了写在脸上的那两个字。

我与他促膝长谈，告诉他一个道理，做任何事情，不能只为了好玩，更要想想事情的后果。

我又拨通了晴晴妈妈的电话，讲清了事情缘由，并告诉她网上说洗水彩笔颜料的方法是用热水泡，建议明天让晴晴把书包带回去，和妈妈一起洗。晴晴妈妈知道自己孩子的调皮，满口应允。

第二天，我看到纯纯换了一个书包，这书包放在一边。我事情一忙，也忘记给晴晴打招呼了。

周一，晴晴告诉我，书包已拿回家洗好了，用热水泡了很久很久才洗掉，还说，妈妈让他带点水果来表示歉意……

经过这一回教训，向来好动好玩的晴晴再也不敢放肆地在同学的书包和衣服上乱涂乱画了，恶作剧的现象在他身上销声匿迹了。

 **温馨提示**

班上的小捣蛋们，时而会制造一些意想不到的小麻烦，搞一些小小的恶作剧，来仗势欺负女生或弱小的男生。对于这些调皮的男生，尽量不要一味训斥，越是训斥，他们的反弹能力越强。关键一点是，要顺着他们所布下的道、他们的歪脑子，让他们也尝尝恶作剧带来的痛苦。

以其人之道，还治其人之身。首先，他怎么搞恶作剧的，老师要帮助那位被欺负的同学讨回公道，让这位肇事者也受到那份折磨。比如上文中，晴晴说在纯纯的书包上乱画，写上"大便"两字并画上松树，觉得好玩。老师也拿起笔来，在他脸上依样画葫芦，并口口声声告诉他，我也觉得好玩啊！让他对自己的好玩建立在别人的痛苦上有一个深刻的体验。当然，要注意呵护孩子的自尊心，当他不愿意被别班的孩子看到，偷偷擦掉了，班主任也不要再顶针，非要让他再画上去，这样，就很容易引起孩子的逆反心理。

其次，一定要让他自己想办法来弥补因好玩带来的损失，通过他自己的种种补救行动，让他（甚至他的家长）感受到生活不能因为自己的好玩而随心所欲，不能做因好玩而让别人觉得痛苦的事，从而，渐渐养成约束自己行为的习惯，与恶作剧彻底告别。

那一回，在我坚决的"顺其道而行"的应变后，调皮的晴晴再也没有上演什么恶作剧了。他知道，恶作剧的背后，他开心快乐的背后，还

第三章 应对孩子的品行问题 95

需要他去承担后果,同时,更给了班级里的一批蠢蠢欲动的调皮男生一个警告,想玩恶作剧,没门!

27. 延时教育
——应对孩子的闹情绪行为

为迎接明天的卫生大检查,阳光灿烂的中午,我让孩子们大搞卫生。正当孩子们搞得热火朝天时,卢秋阳、戴坚强、陈华来报告:"许老师,马洪佳买打游戏机的东西!"

"噢,那你把它拿来。"我随口说。不能带玩具到校,否则,无条件没收,这是我班的班规,全班皆知,怎么还带来啊?我有点纳闷。

我走到教室门口,随即孩子们就从他书包里找出那"罪证",要不是计算机老师说这是打游戏机用的,孤陋寡闻的我,还真不知道这到底有什么用。

我把它放在办公桌上后,开始了搞卫生工作的监督。这时,有一位男生一看见马洪佳来了,就笑着对他平静地说:"马洪佳,你的玩具被许老师没收了。"他表情惊讶,愣在那里,嘴巴努了几下。

等搞好卫生,我让大家休息一下,再做作业,只见他一人趴在桌子上,正在用小刀狠狠地刻文具盒,他不理会边上坐着这么多的同学,只管不停地敲打文具盒,好似这盒子欠了他一万元钱似的。傻瓜都看得出,他是在闹情绪,生被没收玩具的气。

 **临场应变**

"哎呀呀！马洪佳，你这样做，你的文具盒要疼的哦！"我一拍他的肩膀，笑着对他说。全班同学都笑了起来，他在一旁红着眼睛没搭话。我没有理会他，赶紧进了办公室。

音乐课后，我正在批阅作业，有同学来报告马洪佳和陈华在吵架。我让同学转告他俩快来办公室。

没一会儿，两个红着眼睛的小男孩走到我的身边。

"嗯，都是一个班的好兄弟，犯不着变仇人哦！好好地想想自己错在哪里，你们都自己找原因。"向来，面对吵架，我喜欢延时教育。

好长一会儿，他们垂着泪，没声音，可叹马洪佳倒挂着脸，眼中凶光直露，宛如神话故事中的李寄小英雄要斩的恶蛇的眼里所发出的幽绿的光芒。

"我不应该从他的书包里拿出那个玩游戏的东西。"

等陈华一说，我恍然大悟。

"噢，原来是这样啊！"陈华告诉我，马洪佳板着脸，找他算账，指责他不该告诉班主任，还扬言要找卢秋阳和戴坚强报复，整个一副黑社会的架势。

我让陈华先回教室。

"马洪佳，说说看，到底怎么回事？"陈华走后，我把马洪佳叫到了身边。"谁叫他来告诉你呢？谁叫他这么爱多管闲事呢？"我刚一开口，他就在那里声嘶力竭地大喊。

我一看架势不对，他还沉浸在激动之中。做班主任的，只能大人不记小人过，先行撤退。

"哎呀！小马啊，冲动是魔鬼，你现在还处于激动之中，我暂时就不说这件事情了，等你冷静下来了，我们再来讨论这件事情谁对谁错，你要不先在办公室里补写作业吧。"

我怕他一回教室，又会与陈华之间发生争吵，就让他在办公室里补中午因与陈华吵架而没有做的作业。

我回教室去偷偷表扬陈华，"你做得对，要表扬！但下回，看见他有玩具，你先暗暗提醒他一下，他会很感激你的……"我对陈华进行正确的人际交往的指导。"现在马洪佳正处于气头上，你大人不记小人过，不要与他一般见识，别理他。"陈华因为得到了我的认可，心里很开心，马上笑着答应了。

整整一节课过去了，马洪佳的脸色从一开始的脸红脖子粗到后来的正常了，我就让他回了教室。

第二天，关于这件事，我只字未提，只当不知道。

第三天，我依然没有提起这件事情。

一直到了第五天，我找了一个机会，静下心来，与马洪佳在操场边散步，边谈心，此刻的他，已很冷静，也意识到了自己的错误，主动说不该带玩具到学校，不该打同学，不该顶撞老师。

我问他，以后碰到类似的事情怎么办呢？他咧开嘴笑笑。我说，"忍"字头上一把刀。做人，要善于隐忍，懂得守规矩……我一一开导着他，并进行人际交往方面的指导，他一边听，一边不住地点头……

 **温馨提示**

教书久了，在班上常会遇见一些性格暴躁、不听从管教、容易迁怒于他人的孩子，如张飞一般的胆汁质性格、易冲动、爱闹情绪的孩子。遇上这一类孩子，班主任一不小心，就会被气得冒烟。

一位优秀的班主任，应对班上孩子的性格类型有一个初步的了解。但凡遇见胆汁质的孩子，若没有什么特别紧张的非马上处理不可的事情，班主任要善于先避开他冲动的风头，等他冷静下来，再来引导他反思，再去与他谈心，效果将理想得多。不然，最终受伤害的、讨个没趣的还是我们班主任自己。

班主任先要想办法，让这个冲动、闹情绪的孩子和与他发生纠纷的孩子暂时隔离，并悄悄抚慰与开导另一个孩子：你大人不记小人过，别与他一般计较。那位同学内心觉得有班主任的理解，即便在这个胆汁质孩子那里受了一点委屈，依然会觉得很温暖。

对于这个胆汁质孩子，班主任一般要在三天到七天之内（不要太久），以另外的借口找孩子谈心，从聊另外的事情入手，再转移到正题上。这时的孩子，已冷静下来。毕竟是自己犯了错，老师没去找他、批评他，他的心里会有歉意。此刻，班主任去找他聊天、谈心，往往能进入他的心坎，教育效果也是最好的。

班主任要善于针对易冲动的孩子进行延时教育。

28. 心平气和给予惩罚
——应对孩子的考试作弊行为

 **情景再现**

没课时，我急忙拿出单元练习卷批阅，一张又一张。等批到小明的试卷时，我不由得长长叹息一声。虽然说10个选择题只错了两个，但是有很明显的擦拭痕迹，且那些痕迹很明显地告诉我，那不是来自他自己独立思考过后的逐一更正，而是慌张中的集中涂抹修改。

当然，单凭这些痕迹，以及他原本的学习成绩一般，我没有证据证明他是偷看了别人的答案。

没有证据，就不能单刀直入地批评、教育他——这个我是知道的。

 **临场应变**

下课时，我和颜悦色地走进教室，把小明请到办公室，同时要求他带上铅笔和橡皮。

小明睁着一双明亮的大眼睛，来到了办公室，似乎一脸无辜地看着我。"小明，你好！这是一张空白卷，麻烦你把十道单项选择题再做一遍，好吗？"我取出一张空白练习卷，铺在了办公桌上，用商量的口吻对他说。

他的眼睛里快速地闪过一丝慌乱，虽然只是一瞬，但没能逃过已为师多年，与各类孩子打过交道的我的眼。

他拿起笔做着，等他做完了，我马上拿起笔给他批改。结果，很不幸，他错了6道！——这也完全在我的意料之中。

我抽出他原来的试卷，上面明明只错了两道。对比这次的6道错题，我问小明："看看这两张答卷，我想你一定有话要跟老师说。现在请你告诉我，好吗？"

他站在一边不吭声。我耐心等待。他继续沉默。我补充："今天，许老师可以确认，你犯了一个错误了。每个人都会犯错误，许老师也经常会犯错误。重要的是，犯了错误之后要有勇气去承认这个错误，并且告诫自己下次不要再犯同样的错误。"

我继续这样对小明说："一个人的成长过程就是不断犯错误的过程。这一次犯了这个错误，老师帮助你认识到，那么下次你就再也不会犯同样的错误了。但是过了不久或许你会犯其他错误，老师和爸爸妈妈发现之后，会继续帮助你认识到那个错误。你会不断地犯错误，不断地修正，也就会不断地成长。每一个人都是在不断的犯错误中成长的。"小明仍旧不说话。我把上述两层意思重复了一遍，他还是不出声。

我开始有了一点点的着急。于是，我这样对他说："老师现在有点生气了。不过请你听清楚，我生气，不是因为今天你考试时的问题，而是因为现在你不肯好好跟老师交流。你听明白了么？"他朝我看看，一副欲言又止的样子。

我继续鼓励他："只有你自己开口把你犯错误时是怎么想的、怎么做的说出来，才算是真正有勇气承认错误，老师才会相信你以后会提醒自己不再犯同样的错误。"

小明终于动容："老师，我做选择题的时候，觉得自己好几道题都没有把握，心里很着急，就趁你不注意的时候回头看了后面同学的试卷，改了其中的单选题。"小明的眉头紧皱，写满紧张。

我端正神色："好的，你终于有勇气把犯错误时的想法和过程说出口了，也就意味着你终于有勇气承认自己的错误了。我希望你下次不要再犯同样的错误了。不管是语文、数学还是英语、科学，每一门学科，一定要凭自己的真实水平去答题，老师才能确认你的掌握程度，然后才能帮你及时弥补比较薄弱的知识点。"

他诺诺地点点头。"孩子，考试的时候作弊，不是可以一笑而过的事情。考试不能作弊，这是作为学子必须遵循的规则，这是做人该具有的诚实的品质。所以，我必须要惩罚你，你必须承担犯错的后果。"

我把他答错的几道题分析给他听，然后要求他把做错的题目每个订正4遍，并把他第二次答题时的"扣8分"添加到原来的试卷上，累计统计他这次的练习成绩。

"这样的惩罚，你愿意接受吗？"我问他。

小明的双眼泪花闪烁，接过我递过来的纸巾，微微一笑："我接受。许老师，谢谢你！"

温馨提示

惩罚是一把双刃剑，就看班主任如何利用了。我向来反对班主任（教师）因为生气而惩罚学生，但是我从来不反对惩罚，一直觉得惩罚必须存在于教育中。惩罚，只是用于学生违背了公认的规定时，比如考试作弊，比如公然地对抗学校、班级的规则……

平时，班主任应该加强对学生的诚信教育，争取让作弊行为不在班级出现。作弊行为自人类实施考试以来就一直存在着，是一个亘古不变的话题，我们班主任要适当地调整心态，哪怕自己的班主任工作能力再强，再善于做孩子们的思想工作，也别奢望这种作弊行为百分之一百不在班级出现。

当班主任察觉到孩子考试作弊了，切忌当众没收考卷，或者当众点名批评，这会给当事的孩子一定的威慑作用，也会给孩子的心灵留下一定的后遗症，对他的心理将产生不良的影响。

班主任可悄悄地把孩子请到办公室，拿一张空白卷子让孩子重新做一下。是否作弊其实已一目了然，此刻，孩子的心理已处于矛盾、犹豫、彷徨、紧张的状态。接着，班主任不用剑拔弩张，需要在心平气和的情况下，对孩子进行必要的启发、诱导，让孩子意识到犯错误没有关系，关键是做错了事之后有没有承认的勇气。在这样证据确凿的基础上，让孩子主动说明当时作弊的想法和动机是一件并不艰难的事情，只要班主任有足够的耐心。尔后，把他在空白卷上所做题目该扣的分数，算在他原来的考卷上，让他明白，他违反了规则，就要接受惩罚，从而让他心悦诚服。

29. 反其道而行
——应对孩子的当众揭短行为

 **情景再现**

又到一个月的月评时间了。我根据孩子的日记——我钦定的作文题目"某某同学最近进步快"，来评选这一个月最有进步的孩子。

庄校晴。

姚炜。

高鑫。

……

我让品学兼优的钱怡笑和倪慧洁进行统计。庄校晴以15票高居榜首，第二为姚炜，获得了11票。的确，这一个月来，这鼎鼎有名的"四大金刚"中的两位"金刚"，通过家长、老师的种种帮助，取得了很大的进步，与他们自己比，有了非常明显的变化。特别是"四大金刚"之首的庄校晴，现在不说脏话了，做眼保健操也认真了，也不再欺负同学了。

"孩子们，下面我宣布，本月进步之星的获得者为庄校晴和姚炜，掌声为他们响起来。"我当即宣布道。孩子们热烈地为这两个孩子鼓掌。

猛地，我发现一只小手举得高高的。原来是嘉嘉。嘉嘉有什么事情吗？只见他一直把小手举得高高的，似乎有什么大事非要与我说不可。

"嘉嘉，你有什么事情吗？"我叫到了他。

他立刻站起来。"许老师，今天早晨，出去排队做早操的时候，庄校晴他踢了我一脚，踢得我好痛的。姚炜也是的，与前面的高明做操时打来打去。"嘉嘉站起来检举揭发。

听到嘉嘉这么一说，庄校晴连忙在下面申辩，"我没有！我没有！"眼睛里射出两道带有愤怒的火花，他朝嘉嘉看了一看，尴尬地坐着，脸红红的。

"我也没有！"姚炜也在座位上说道，小眼睛朝嘉嘉看了一看，抿了抿嘴，一腔的愤怒，一脸的尴尬。

哎呀！这可爱的嘉嘉啊，就是喜欢这样不合时宜地"泼冷水"，通俗一点来讲，就是喜欢这样"当众揭短"。

 **临场应变**

"许老师知道,庄校晴和姚炜还存在着这样那样的不足,现在我们先来说说他们有哪些进步的地方。"我赶紧转移话题,让孩子们来夸夸他俩的进步。

"庄校晴以前爱说脏话,以前动不动就骂人,现在很少骂人了。"陈松说。

"庄校晴他特别喜欢劳动,经常为班级搞卫生。"周原青说。

"孩子们,善于发现别人优点的孩子拥有一双慧眼。嘉嘉,在你的眼中,你觉得校晴和姚炜最近有了什么进步吗?"我微笑着对嘉嘉说。

"庄校晴以前总是爱拿别人的自动笔,现在不拿了。姚炜么,他做起作业来速度非常快。"可爱的嘉嘉,把头微微朝上扬,想了一想,这么说道。

"好的!这说明嘉嘉拥有一双慧眼哦!希望你也能通过自己的努力,早日登上进步榜。"我夸奖道。

"下面我们请我们的班长、中队长为这两位进步之星颁发奖状。"我宣布。

放学后,我请来了嘉嘉,开始了面对面的谈心。"嘉嘉,你也是一个正在前进着的好孩子哦!许老师期待着某一天你也能登上进步之星的榜单。"孩子坐在我对面,微微红着脸。

"人与人之间,怎么相处,怎么交流,怎么说话,这都是一种艺术,说得好,才能受人欢迎。比如今天,你在那样的时刻说庄校晴和姚炜不好,这叫当众揭短,会引起他们对你的不满。如果你心中有想法,可以在课余悄悄地与许老师进行交流……"孩子一边听,一边郑重地点着头。

 **温馨提示**

人际交往的能力，是孩子今后为人处世的一种相当重要的能力。在班上，往往有这样的孩子，喜欢泼冷水，对班上的同学进行"当众揭短"，当老师表扬同学的时候，他就偏偏喜欢说同学一些不好的地方，致使同学当众下不了台，内心产生对他的愤恨之情。

每当遭遇"当众揭短"的时刻，优秀的班主任应该处事不惊，接着，重磅出招——"反其道而行"招：让这个孩子静思片刻后，鼓励他也来说一说被他揭短的孩子另外的优点，缓解被揭短孩子的内心伤痛。让这个孩子在不断地发现别人的长处中，感受世界的美好。

事情并没有到此为止，班主任应及时把这个喜欢当众揭短的孩子叫到身边，与他谈心，传授给他为人处世的诀窍——尽可能多发现别人的闪光点，不要当众去揭短。

成长是一种痛，孩子就是在这样的一步一滑的摔跤中，不断前进的。班主任要善于做一根拐杖，引领每一个孩子朝着明亮那一方向前进。

30. 及时发现
——应对孩子的小偷小摸行为

 **情景再现**

周一的中午，食堂师傅分牛奶，不是一般的纯牛奶，是周杰伦做广告的那种优酸乳饮料，酸酸的，甜甜的，孩子们都爱喝。

小松问我什么时候发牛奶，我知道，看着这牛奶，孩子们的馋虫被勾出来了。我告诉孩子们，第三节美术课下课后分。

第三节课下课时，我去教室给陈思豪本子。这时，陈浩翔、夏鸣龙可怜巴巴地对我说,"许老师,我们没有发到牛奶。"瞧,这两个孩子,一副委屈的样子,眼中快流泪了。

什么?少了两瓶牛奶?我瞪大了眼睛,赶紧询问情况。发牛奶的小松和怡笑告诉我,有些男生跑过来乱抢。我问有哪些同学上来抢牛奶,孩子告诉我,小Y、小晴、小炜等男生上来抢过。我一听,全都是班上的小调皮鬼。

那会不会是食堂师傅给我们班少发了两瓶呢?我问道。

孩子们告诉我,没有少的,两箱是48瓶,再加散装的4瓶,正好52瓶,班上每人一瓶。

散装的那4瓶,我亲眼看见过。我继续问道,有没有其他班的孩子来过我们班。孩子们纷纷说没有人来过。

那牛奶不可能是自己长着翅膀飞走的,肯定是我们班某个孩子在作"怪"。那牛奶去了哪儿呢?

 **临场应变**

那倒奇怪了,到底是谁带走了牛奶呢?这时,上课的铃声响了,教数学的庄老师进来了,我连忙对他说明情况,告诉他,我将利用一点时间查一下。

庄老师表示支持和理解。我首先让同桌两人互相看一下抽屉和书包,有没有多拿。牛奶可是一个大东西,不容易藏的。

一阵忙乱,大家纷纷说没多拿。

我看看庄老师的课已被我侵占了一些时间,暂时也查不出什么,我只能先退出来。

这两个没牛奶喝的可怜巴巴的孩子怎么办呢?我让两位班长发扬风格,率先垂范,先把自己的牛奶让给这两个孩子,并叮嘱孩子们,若有什么线索,要及时来向我汇报。

我坐在办公室里静静地想着这件事,左也不是,右也不是,浑身如蚂蚁在爬。若今天不探出一个究竟，那改天牛奶不见、苹果不见的事情将比比皆是。

我先在校讯通上给家长发了一个信息，建议家长平时多对孩子进行一些品行教育，亦告知了今天少牛奶的事情。

到底是谁拿了这牛奶呢？肯定是我班的某一位成员。若我今天不查出来，一放学就更难查出来了。我重新来到教室门口，与庄老师打好招呼，说明情况，在得到庄老师的允许和支持后，又重新走进了教室，继续询问情况。

小松告诉我，他拆开来的牛奶箱子里有一个地方空着，是少了一瓶。怡笑说，她拆的牛奶箱子里没少。如此一来，情况较明确，只是少了一瓶。既然这样，这一瓶牛奶上哪儿去了呢？

小青站起来检举说，小晴曾多拿了一瓶。但有同学反映被及时发现，他退还了回去。

那会是谁呢？我让怡笑、小松再逐个细细看一下同学们放饭盒的尼龙袋。告诉他们要特别注意刚才几位上来抢牛奶的同学的袋子。

稍等一会儿，我就听见小松的汇报声。"许老师，小Y这里多了一瓶。"他拿着优酸乳给我看。

我把目光朝向了小Y。

"不是的，是我爷爷早上来给我买的。"这孩子说道，眼睛里流出了眼泪。

正好是买的这种饮料吗？一模一样的吗？联想到同学说小Y也是上来乱抢之人，我怀疑着并走出了教室。他的双胞胎哥哥在平行班读书，我连忙走上四楼询问他的胞兄。他哥哥告诉我，今天早晨他们兄弟俩是奶奶送来的，根本就没给他们买牛奶。

真相已大白。

我去教室把小Y叫了出来。一开始他还想抵赖，低声说："不是拿的。"当听我说可以马上打电话给他妈妈证实，他就乖乖承认，说是一时糊涂，刚才趁乱时拿的。

考虑到孩子的自尊心以及他在同学面前的脸面，我对他说："这件事，我替你保密，不在班上明说，就如你所说，是你爷爷买给你的，但，我一定要通报家长，明天要把牛奶还给我。"这孩子的头点得如小鸡啄米。

他走后，我连忙打通了他妈妈的电话，问她是否看见了我发来的信息。他妈妈说看了，同时警觉地问这牛奶是不是她的孩子拿的。我把事情的来龙去脉告诉她，询问她孩子在家有无这种情况，她说在家倒没发现过。

我叮嘱她，以后在家要多关注孩子的心灵，同时也告诉她，孩子一时糊涂，想贪点小便宜，这是正常的，要多教导孩子。我告诉她，咱可不能为这事影响孩子的心理，让他从此走路抬不起头来，并说我会替孩子保密的。

他妈妈在电话那头，向我表达了诚挚的谢意。

第二天，趁班上的孩子们上信息课的时候，我把小Y单独留下，让他先交上牛奶，然后我与他开始了谈心，让他写出保证书，深刻认识自己的错误。我还告诉他，没在全班面前宣布，只是为了照顾他的脸面，希望他好自为之，没有下一回了。孩子的头点得如小鸡啄米。

我把孩子写给我的保证书收藏起来，把牛奶放在教室里我批作业的抽屉里。中午，一个孩子拿着牛奶告诉我："许老师，牛奶找到了，小Y没有偷。"

"对呀，孩子们，小Y没有偷，估计是哪个同学放在这里，忘记了吧。"我笑着对全班同学说。

小Y甜甜地笑了。

温馨提示

做班主任久了,都会发现,在班上,有的学生会有一些小偷小摸的行为。今天这位同学少了什么,明天那位同学少了什么。一般来说,"盗者"都是一时糊涂,属于见物眼红的偶尔行为。一般来说,经常拿同学东西的"惯偷",是极少数的心理疾病患者,是个别现象,是例外。

遇见诸如上面的失物事件,对于一位班主任来说,一定要在第一时间内,集中精力,及时地"破案",切忌耽误时间,一旦有时间让孩子转移物品,那将给"破案"带来很大的难度。若能及时"破案",及时发现,让孩子第一回做了"坏事",就要接受心灵的惩罚,那将是对这个孩子最好的"挽救",他以后就再也不敢做这类傻事了。

班主任平时要在班上加强宣传力度,多教导孩子,一旦发现什么东西掉了,要在第一时间汇报给班主任。作为班主任,在第一时间内,要及时来到"现场",让孩子没有时间转移"赃物",有利于班主任"破案"。"破案"时,要根据孩子们所提供的线索,及时进行排查,锁定几个"重要怀疑对象",逐个排除,这样有利于找到真正的"盗者"。

一旦找到"盗者",作为班主任,要尽可能学会保护孩子的自尊心。一定不能在全班面前宣布是这个孩子拿的,要想尽办法维护孩子的自尊心,让孩子在同学面前能抬起头来走路。就如对上面的小Y,我采取的措施是,把第二天孩子还回的牛奶放在平时我批作业的桌子的抽屉里,让孩子去发现,进而认识到小Y并没有偷拿牛奶。

但是,作为班主任,要及时把此事通报给家长,让家长平时多加强对自己孩子的品行教育,对自己的孩子做到心中有数。

班主任要单独找孩子交流,并告诉他,不在全班同学面前宣布,只是想给他一个面子,绝对不允许有下一回。如此保全了面子的孩子和家长,会对你这位班主任充满感激,这个孩子,一般也不会再犯同类的错误了。

因为对一个出于一念之差的初犯来说,及时的发现已是对其最好的心灵惩罚了。

31. 不妨"以暴制暴"
——应对孩子的暴力倾向

 **情景再现**

"许老师,庄校晴又在打人,他还发出怪叫。"自修课上,我刚回到办公室一会儿,班长陈思豪来向我汇报。"许老师,我真的管不住他,他一点都不听我的。"我班的小才子思豪皱着眉头很无奈、很沮丧地告诉我。看着他那一脸的"悲哀",我的脑子开始快速转动。

唉,号称我班"四大金刚"之首的庄校晴又趁老师不在那会儿"胡作非为"了吗?又是那么逍遥自在吗?能否有什么东西如影随形地"罩"住他呢?

我跟随陈思豪,加快脚步,来到了教室。一看见我进来,教室里顿时变得安静了许多。可爱的庄校晴装作什么都没发生,自顾自做起了作业。

 **临场应变**

"孩子们,听说刚才放了精彩的电影镜头哦,是不是?"我故意"装疯卖傻"。

"是的!是的!庄校晴又打人了,班长劝他,他还说关他屁事。"可爱的沈杰在下面说。

"是的!是的!庄校晴总是要打人。"马上有许多孩子附和道。

"嗨,咱们先不说老庄(庄校晴他常这么自称,所以,我有时也这么叫他）的扫兴事，咱进行一个男生扳手腕比赛怎么样？"我刚一出口，孩子们就在下面欢呼。

"怎么比？"有孩子在下面说。

"既然老庄的力气这么大，咱们就以他为靶子，谁赢了他，谁就是胜利者！"我一说，全体男生一阵高喊，校晴不好意思地吐了吐舌头。

于是，我指挥孩子搬来了两把椅子，摆出了比赛的阵势。我先请上校晴，让他面对全班孩子。他坐在座位上，抿着嘴巴笑。

"谁有勇气和胆量挑战他？愿意与他进行比试的，自愿报名！"我一声吆喝，立刻得到了六名男生的积极响应，分别是周滋行、陈松、潘龙、姚沈杰、徐斌宇、陈铭鑫。

我让他们挨个与校晴进行比试。素来被称为霸王的校晴居然如豆腐一般不堪一击，惨败。

"许老师，我对陈铭鑫不服，我想再与他比一场。"校晴对我说。

我答应了，没过多久，又开展了一场比赛。校晴憋足了劲，果真赢了陈铭鑫。

我宣布比赛结果，"周滋行、陈松、潘龙、姚沈杰、徐斌宇同学轻而易举地赢了庄校晴，他们五人将成立一个'金刚罩团'，周滋行为"金刚罩团"团长，潘龙为副团长，另三位为团员，专门来罩金刚，再厉害的金刚都会被克住的。因为正义总是会战胜邪恶的！"我出其不意地甩出这么一招，下面的孩子都笑了起来。

我专门为这几个孩子颁发了特制的聘任证书，让班上的孩子觉得这是被班主任正儿八经任命的正义力量，并给他们在教室里合影留念，激发众人的艳羡，让他们感到自己肩上的使命感。

当即我让孩子们演示罩金刚的过程："罩金刚！"我一声大喝，以周滋行为首的五位同学立刻出位，他们一把抓过校晴的手，反剪过来，让他不能有一丝动弹。这只是示范，可已把向来嚣张无比的校晴镇住了一半。面对正义力量之首——力大无比的周滋行，校晴在身材的气势上就逊色了许多，再说还有另外四位力气都比他大的同学。

连续两天，他安静着，没声音。

第三天，他终于按捺不住好动、霸王的个性，又在班级惹是生非。我立刻调动"金刚罩团"，把他罩得不能有丝毫动弹的余地。他哪肯如此轻易罢休，身体疯狂乱扭，脚乱踢乱动。在我的指挥之下，同学们拉开桌子，在确保所有孩子安全的情况之下，"金刚罩团"的孩子们把校晴按倒在地上，按住他的手与脚，让他不能动弹整整三分钟，以灭他的威风。

历来，正义都是会战胜邪恶的。从来都是称王称霸的他，从来都是欺负凌辱别的同学的他，在正义的力量面前，终于垂下了嚣张的脑袋，一整天闷闷的。

我淡淡地告诉他，"你称王称霸惯了，从今天开始，不能任由你逍遥'法外'，希望你好自为之。你，依然是全班孩子喜欢的同学。"他在一边郑重地点头。

几天后，从没有同学敢与他同桌的校晴，在我的安排之下，与"金刚罩团"团长——周滋行成为了同桌，我让周滋行成为校晴的学校监督人。

自此，我班的金刚之首，素来横行霸道的校晴彻底脱胎换骨，乖乖的，再也没有放任嚣张、肆意欺负同学的暴力行为了。

 温馨提示

王晓春老师说，现在的孩子在家都是什么？都是皇帝，皇帝与皇帝碰到一起，爆发战争是再正常不过的事情。有的孩子，不仅是一个皇帝，还是一个暴君，时常在班主任管辖不到的空余闲暇，抡起手臂，所向披靡，简直是"老子天下第一"。

班上的孩子忍让惯了，更加引起了他的"胡作非为"。一般而言，这样的孩子，其家庭教育基本处于失控状态，找家长是起不了什么作用的，班主任只能单枪匹马，独自布阵。

班主任最好的同盟者为班上的"正义孩子"！不是所有的孩子都能"压住"他。首先，要挑选心地善良，学业中等及以上，在班上属正义力量的孩子，关键还要力气比他大，表现的途径可通过扳手腕等方式来确定。

第二，要让这些正义力量成为"官方"扶植的力量，要赋予他们一定的权力，让他们放胆去与这些"邪恶"的力量斗争。比如成立"金刚罩团"，就宛如一个国家需要一支强劲的军队一般。

第三，让这些"反暴分子"制服"暴力分子"的时候，班主任一定要亲自到场，确保每一个孩子的安全。几次"反暴行为"下来，将浇灭他的威风，让他明白教室、学校不是他可以胡来的地方。

当他收敛起自己的暴力行为时，要适当进行鼓励，让他体会到做一个受同学欢迎的孩子是幸福的。

32. 严惩不贷
——应对优秀孩子表里不一的行为

 **情景再现**

当我吃完中饭回教室时，陈松对我说："许老师，刚才陈思豪好像在厕所里洗碗，那水槽里还有骨头呢，是我捡起来丢掉的。"

哦，是吗？陈思豪作为我班班长，难道会做如此低素质的事情吗？再说，我在班上曾一而再，再而三强调不能在厕所的水槽里洗碗，他不是带头在响应吗？难道他是如此表里不一吗？老师面前一套，背后又一套？我心里不断思考着。

"你确定吗？证据确凿吗？"我询问陈松。他摇摇头，"不敢百分之百确定，但是，他洗碗的速度特别快，若去下面洗的话，根本就不可能的，所以我很怀疑。"这孩子实事求是地对我说。

坐在座位上的倪慧洁、胡蝶纷纷告诉我，反正陈思豪一出去大概二十秒左右的时间就回来了，而且饭碗洗干净了。

看来，今天陈思豪的行为的确令人怀疑。我赶紧问："有证据吗？"他们都说没有。

 **临场应变**

今天，这件事我若置之不理，那肯定会给孩子们留下一个班主任不公平处置同学的坏印象，班主任的威信将大为降低。我告诉孩子们，今天我们没有证据，若他至死抵赖，我们是一点办法都没有的，为了避免"打草惊蛇"，我们先仔细地观察他，下回若再有这类现象，一定要抓住他的证据。我示范给孩子们看，若当面抓住证据，就该这么做——我拉住朱振宇的衣领，前后推搡："陈思豪，你班长怎么可以这么做？！你怎么可以这么做？！"朱振宇被我推搡得有点不好意思了，傻呆呆地朝我们看着。我们大家笑得直不起腰来了。

"孩子们，记住了吗？以后一定要学会抓住证据！"我对他们说完后，就走出了教室，回办公室了，但这件事情一直在我脑海中盘旋。无风不起浪，看来今天在教室里众同学都怀疑他，其间肯定有蹊跷，我一定要找他来谈谈。

午唱的铃声响后，庄校晴突然跑到办公室激动地告诉我，陈思豪承认了是他在厕所水槽洗的碗。原来，当陈思豪练习唱歌回来时，我班最调皮的孩子庄校晴过去问他："陈思豪，是否是你在厕所的水槽里扔骨头洗碗？你有种的就承认。"如此一激将，陈思豪坦然承认——"我承认是我洗的。"

我连忙走进教室里当众狠狠批评："陈思豪，你够厉害！你有种做这类低素质的事，那你就有种在全班同学面前道歉，你有种就写500字的说明书，在队角那里张贴。老师在一套，老师不在另一套，表里不一，你以为你是变色龙啊！"我劈头盖脸一顿狠批，不给他一点脸面。全班孩子静坐在教室里，一点声音都没有，陈思豪坐在那里，脸红一阵白一阵的。

范宇玮站起来对我说："许老师，我让他快一点洗碗，要去唱歌了，不然陈老师会批评的，没想到，他却在厕所里洗碗。"

真令人"唾弃"！因为他是明知故犯，我一直在班上强调不能在厕所洗碗，因为他忘记了自己的身份，所谓的一班之长，是要在各方面起带头作用的。不是你今天考出了一个好成绩，你今天写出了一篇好文章，就能做一班之长。称职的班长，在方方面面都是全班孩子的模范，是全班孩子的一面镜子。

在我的眼里，没有好学生与差学生之分，只有勤奋与非勤奋、高素质与低素质之分。倘若，一切你已尽力而为，你就是最棒的那个孩子！孩子们为我对待每一个孩子的公平而喝彩！

第二天，他递上一份说明书，我要求他当众朗读，并向全班同学三鞠躬道歉。

今天中午，红日当空，太阳挂在空中，把大地照得暖烘烘的，地上的草绿绿的，像给大地披上了一身绿大衣，树上的叶子黄了，似蝴蝶在空中翩翩起舞。

"丁零零"，要开始吃饭了，我盛了饭菜便吃了起来，吃完了饭菜，我准备去洗饭碗，这时，范宇玮在我耳边说了几句："洗碗快一点，要不然又要被陈老师批评了！"我一听，想起了以前陈老师批评我们迟到时的情景，身体不由自主地发起抖来，我回答了一句："一定！"我想：去厕所吧！可许老师不准我们去那儿洗的啊！这时，我的脑海中又浮现出陈老师批评我们的样子，我捏了一把汗，我又想，还是去洗吧！最终，我还是去厕所洗碗了，在洗碗时，我随手把鸡骨头丢在了洗手的池子底下的角落里，但被我班的同学陈松发现了，到许老师那儿告了状。我真的要好好地谢谢陈松，要不是他投诉，我犯了错误还不知道呢！谢谢同学们，我以后肯定会言行一致，不会表面一套，背后一套。我以后一定不再犯这种低级错误，也请大家继续指出我的错误，那样，我才能做一个优秀的班长!

我把这份说明书张贴在"队角"的下面整整一个月,让这个优秀的孩子时时铭记:一个高素质的人才能成为人才!

 **温馨提示**

许多时候,我们班主任往往被一些优秀孩子头顶的成绩优秀的光环所遮盖,以为成绩好的孩子样样好!其实,现实中却并不完全都是这样,有的孩子仗着自己成绩好,得老师宠,在班级里是核心人物,他会暗地里做一些低素质的事。

作为班主任,发现此类情况时,绝不能心软,更不能因为他成绩好,不忍心批评。王子犯法,与民同罪不说,还应罪加一等。班主任一定要学会严惩不贷,要让他写犯错的说明书,要让他向全班同学郑重道歉,甚至把说明书张贴在教室里最醒目之处……以此来净化优秀孩子沾满世俗的"表里不一"的灵魂,让他明白,他也是一个普通的学生,他在班级里并不能享有特权。

33. 欲擒故纵
——应对孩子的捣乱、惹事行为

 **情景再现**

某一个星期一,同办公室的Q同事让我查一下小伟周日下午的行踪。一听,我的心情立马灰暗。

怎么今天又……我竭力忍住心头的怒火,仔细探究事情的原委。

原来前天,小伟同别班一孩子在学校里溜达,因看到初中学生越窗进教室,甚觉好玩,就学他们越窗进了Q同事班级的教室,并把她班级孩子们抽屉里的字典、本子等物品扔了一地。因为摆弄录音机时不小心按了录音键,所以他俩当时的对话全被录了下来。

铁证如山,那个学生已乖乖招认,还供出了同谋小伟。

 **临场应变**

怎么办?我真恨不得马上把小伟揪来好好地训一顿,或把他父母找来,或当着全班同学的面好好讽刺他……脑中一个个念头转过。但这又何济于事呢?能改变事实吗?若处理不当,那我将功亏一篑,那不是得不偿失吗?毕竟他还只是个小孩。我坐在椅子上缓缓地做了一个深呼吸,先让自己平静了下来。我寻思着对策……

丁零零……我拿着课本去教室,一如既往地上课。我凝视他的目光比平时多了几倍,并时时地请小伟发言,不论对错,我都不忘说一句"你真棒""你真聪明"或"好样的,会思考"之类的话语,搞得大家云里雾里,不知我葫芦里卖的是什么药。

下课铃响了,我收敛起脸上的笑容,严肃地说:"小伟,你来办公室一下。"

哒哒哒,他立即尾随而来。在办公室门前的走廊上,我停了下来,对他说:"咱们还是在外面谈吧,里面人多。"我知他爱面子。

靠在走廊的墙上,我死死地盯着他的眼,"坦白从宽,抗拒从严,你听说过此政策吗?"

"嗯。"他朝我点了点头,目光躲闪着。

"噢,知道就好,明白许老师找你来有什么事吗?"我欲擒故纵。

"知道。"没想到他倒很爽快。这在我意料之外。

"我把二班里的书扔了一地。"还没等我开口,他倒直奔主题了。好家伙!

"这事我不打算告诉同学或你的家长,也不想老让你丢脸,要不,你放学后在教室里等我吧。总得对我说清楚,是吧?"他默默地点了点头。

放学后，静悄悄的教室里响起了我们的谈话声。

"星期天我在家很无聊，又停了电，不能看电视，我就到学校里来玩。这时我遇到原来一个班的陆同学，于是我们两个人一起在学校里溜达，恰巧看见初中的几个男生在爬窗，就……"他一五一十地说了起来。

"小伟，你知道我的心情吗？"我问。

"知道。许老师，真对不起！我又让您丢脸了。"他咕哝着。

"人非圣贤，孰能无过？重要的是如何改正。你这段时间的进步其实我都看在眼里。你正在很努力地改。我相信你是一个知错就改的孩子。"

"可我……"他几乎哽咽着说不下去了。

"其实,我发现你是一个相当聪明的孩子。若能把精力花到学习上来，以许老师的教学经验来看，你将来能考上公安学院呢！"

"我吗？我行吗？"

"有什么不行！你绝对行！不信，咱们来勾手指，打个赌！"我向他翘起了小手指。

"二十年后,你会是一位出色的警察。我的赌注就是这个。"他犹豫着，嘴巴渐渐地抿紧了，然后果敢地伸出了手指。

为了见证我的诚意，我拿出我的工作笔记，当着他的面把与他拉勾的事记下来，并与他签上了名。

"许老师，你真不把这事告诉我爸妈吗？"因为他爸爸的棍棒教育令他害怕，他还是不怎么相信我会不"告状"。

"不会的。一个人能不能改好，能不能有出息，关键是看自己，而不是靠父母的压制。像你这么聪明的同学，我绝对相信你能改好！可别忘了咱们的约定哦！"我朝他微笑着走出了教室。

一年半之后的家长会上，小伟作为"闪光少年"代表站在了讲台上，他慷慨激昂的发言，引起了家长一阵又一阵的掌声。

"曾经的我，是多么的爱吵闹，动不动就抡起拳头与同学打架，打到老师来也不罢休；曾经的我，是多么的爱骂同学，脏话脱口而出；曾经的我，是多么的调皮捣蛋，做了许多令人不耻的行为……是她，是我们的班主任许老师，一次又一次真诚的谈话温暖了我的心灵，是许老师建立的'男子真汉榜'激发了我的奋斗意志，许老师从不放弃对我的教育，在我的心灵上播下了一颗信任的种子，唤醒了沉睡中的我，这才有了今天崭新的沈佳伟……"

 **温馨提示**

问题生可能每天都会搞出一些名堂，他那些让人意想不到的捣乱、惹事行为，每天会纠缠得班主任头疼。

对于捣乱、惹事分子，班主任首先要在情感上亲近他，争取让这个孩子成为你的同盟者，绝对不能让他成为你的敌对者。班主任要与他多谈心、多沟通，多鼓励、信任他，为他搭建施展才华的舞台，让他自己看到前进的希望，品尝到成功的喜悦。有了一定的情感基础后，班主任可抓住契机，在处理某件事情上，欲擒故纵，先给他特别多的表扬，让他的心不断地处于忏悔之中，觉得愧对你班主任，内心感到不安与纠结。

此刻，你趁热打铁，趁机把这个捣乱、惹事分子，叫到僻静的地方，与他沟通，一般来说，在已有的情感驯养下，他会主动告诉你原因的。班主任可趁机好好地做做文章，给予他信任，点燃他前进的希望之灯。对于这一类孩子，我们做班主任的要尽可能地减少在其家长面前告状的次数。若告状有效的话，他们也不会成为现在的模样，这一类孩子要么在家是棍棒教育的受害者，要么在家已处于失控的状态，找其家长是最愚蠢的行为，而且还会拉远孩子与你班主任的心理距离。

不断地创造机会，不断地信任孩子，不断地表扬他，他会渐渐地减少捣乱、惹事的行为，最终会如上文中的小伟一般，站在"闪光少年"的台上，成为美好事物的中心。

第四章

应对班级管理问题

　　班级是孩子们生命成长的舞台。班级建设让班主任大有用武之地，班级管理可以尽显班主任的身手，展示精彩与智慧。

　　不和谐的班级音符总是会扰乱我们班主任的心。劳动、卫生、流动红旗、文明礼仪……方方面面考验着每一位班主任。

　　用幽默的方式，身先士卒，以牙还牙……步步为营，以不变应万变，应对班级管理问题，方能游刃有余。

34. 学会批评自己
——应对自修时全班乱糟糟的行为

 **情景再现**

中午，班上的小超突然肚子疼，我联系不到家长，只好带他去离校十分钟路程的便民医务室诊治。

临走前，我去教室叮嘱班上的孩子们："中午自修时，千万别出声音，要做到班主任在与不在一个样。"孩子们一个个点着头，纷纷表示一定能做得好好的，让我放心走吧。

检查，一切无恙，回来。还没等我走上四楼楼梯，隔了一层楼梯，就隐约听到我班传来的嬉笑声。

我加快了步伐，走到教室后门口，悄悄往窗口一看，哎呀呀！只见值日班长站在讲台边，在声嘶力竭地喊："别吵了，别吵了！"可是，同学们一个个熟视无睹，交头接耳的，嬉闹的，离开座位的，整个教室变成了一间标准的"杂货铺"。

 **临场应变**

我该怎么办呢？火山爆发吗？这有效吗？

我要出其不意，给他们一点新鲜瞧瞧。再说，这样的发火很容易伤身体。一条"妙计"在我脑海中浮现。

我整理了一下自己的心情，面带微笑，走进了教室。一见我走进教室，孩子们立马没了一点声音。

"呵呵，继续继续哦！"我朝着全班同学说。孩子们纷纷低下头。教室里静得连针掉在地上的声音都能听见。

"许老师,他们不听我的。"值日班长低着头站到我的身边,对我说,"陆小凯、沈佳伟、章炜、张天强、钟彬、胡晓义。"一连串的名字从他嘴中冒出,随着值日班长的点名,一个个孩子如得到指令般的自觉地站了起来。

"只有这么几个人吗?其余说话的都给我站起来!敢做就要敢当哦!亲爱的先生、小姐们。"我调整了一下情绪,尽可能把笑容挂在脸上。

越没有批评,孩子们越搞不懂怎么一回事,一个个瑟缩着身子,低着头,一副紧张兮兮的样子,又齐刷刷站起来好几个人。

"要不这样好吗?一个个上来说说怎么回事好吗?顺便练练我们的语言表达能力。"我的声音轻柔。

孩子们轮流着上来了。

"我真不像话。许老师带徐超去治病了,我却与同学悄悄地说话。此刻,许老师的心里一定很难过,太不应该了。"

"不,我不难过。"我笑着说。

"许老师心里肯定对我们很失望,我们太不应该了。"

"……"

看看孩子们,还真能说,都在检讨自己了。等孩子们说得差不多时,我开口了:"刚才许老师的心情是失望,但不是对你们,是对我自己的失望。教了快两年,可还没把你们教育成班主任在与不在一样,这说明许老师的能力还不够强,方法还不够多,管理水平还不够高。所以,我要郑重地对你们说一声抱歉。"我控制住自己的情绪,分外平静。

"所以,请大家今天放了学,每人写一封批评许老师的信,让我读后能有所进步,对以后的班级管理能有所警示。"

此刻,同学们一个个睁大了眼睛,朝我傻呆呆地看着,一副将信将疑的样子。

第二天一早到教室,小组长各自把信交给了我。我回到办公室,细细地读了起来。许多孩子在信里诚挚地道歉。信的内容大多是说:许老师,不是你没水平,是我们太不像话了;在你的教育下,我们的写作水平、说话能力、考试成绩得到了迅猛的进步,等等。其中沈云飞这么写道:"许老师,不是我拍你的马屁,你是我见到过的最有计谋的老师了,是我们像疯狗一样,太爱吵闹了……"

"读了你们的信后,我的心溢满感动。谢谢孩子们这么宽容老师,这么包容老师,你们没有做到最好,没有做到自律,肯定与我这位班主任脱离不了关系,我以后一定在教育方法上多加改进,多学习……"我诚挚地说,孩子们的眼里充满了钦佩和崇敬,那些调皮孩子吐吐舌头,很不好意思。

这一天,数学自修时,教室里安静极了,那是以前从来没有过的状况。

接下来的日子,几乎所有的自修课,都不再需要班主任掏心掏肺地监督。

温馨提示

自修时,整个班级处于乱糟糟的局面,班干部无法掌控,对于班主任来说,这是一个屡见不鲜的场面。

在《56号教室的奇迹》一书中雷夫老师这么说,道德形成主要分六个阶段:第一阶段,我不想惹麻烦;第二阶段,我想要奖赏;第三阶段,我想取悦(让人高兴)某人;第四阶段,我要遵守规则;第五阶段,我能体贴别人;第六阶段,我有自己的行动准则并奉行不悖(坚决执行不违背)。从他律到自律,确实是一条漫长之路,作为班主任,平时应该多注重引导,多培养班上孩子的自律能力,但这并不是一朝一夕就能形成的。

倘若遇见孩子们缺少自律,出现乱糟糟的现象,班主任一定要控制生气的次数,偶尔火山爆发一次,也在情理之中,教育不能单纯地和风细雨,难得的暴风骤雨也是一种教育,但,生气不能超限。生气发火是缺少技术含量的行为,任何人都可以这么做。理性、理智的班主任,一方面在加强全班孩子的自律能力,另一方面在暗中观察、调查,找出班上带头吵闹的几只"是非猴",对这些孩子暗中有序地进行个别诊疗。

面对班级乱糟糟的现象,班主任反其道而行,声东击西,采取自我批评的方式,告诉孩子们,出现这种情况是因自己方法不够多,能力不够强,管理水平不够高,向全班孩子检讨,并让孩子们写信批评班主任。其实,写信的过程,也就是孩子们反思的过程。提笔书写的那些时刻,就是孩子们对自己的心灵进行一次深刻清洗的时刻。

35. 攻心为上
——应对孩子规则意识缺乏的行为

 **情景再现**

班级要开展一次野餐活动,我让孩子们根据原来的学习小组组织活动。

八个小组在组长的带领下,欢欢喜喜地开始讨论野餐时每人所需带的器具。

正当孩子们讨论激烈时,陈媛媛组长带领另几位女生皱着眉头走到我身边,对我说:"许老师,陈鑫炜他不高兴参加!"

我连忙走到他们小组调查,原来组上分派任务,让他带野餐所需置备的东西,派他活儿干时,他都说不愿意。整组人员拿他没辙,只好很无奈地来向我汇报。

我当即表态,陈鑫炜若不愿意参加,没关系的,就让他别参加了,本次野餐活动一切以自愿为原则。

在讨论带什么食物时,有孩子询问我是否可以带熟食。我说,难得搞一回活动,就允许你们带熟食、饮料。

听到我这么一说,这个可爱的陈鑫炜他居然在组里闹着又要参加了,变来变去的，就如六月的天、孩子的脸，一会儿风，一会儿雨，没有一点身处集体之中的规则与意识，自己想怎么样就怎么样。

 **临场应变**

怎么办呢？任由他如此目无规则、目无同学，如云一般随风变化莫测吗？该想点什么办法来制约呢？我细细思考着。

这陈鑫炜呀说起来真是可爱，他在家已处于失控状态，请他的家长是没一点用的，一请家长他就更加变本加厉。相反，每月一次评价班上哪位同学的进步大时，每每听到有同学夸他有进步，他却激动得嘴巴直打哆嗦。去年有一回，夸他进步的日记本堆满他的桌子时，他激动得几乎话也说不上来了。

呵呵，火花一闪，灵机一动。这不，这不……妙计来了。

下一节正好是品德课。课间，我把八位小组长叫到了走廊上："你们组里的哪位同学令你头疼，你不想管了啊？"陈媛媛皱着眉头说："陈鑫炜！""他有时候根本就不听我的话，我让他做作业，他就骂我。"漂亮的小女孩陈媛媛说起这话几乎带上了哭音。

"谁要？谁要？哪一组要他？"我连忙问其他小组长。

"不要！"

"不要！"一个个把头摇得如拨浪鼓。

"那怎么办啊？让他一人一组吗？"我这话一说，孩子们不约而同地笑了。

"喂，朱润，他上回跳绳时，怎么就找到了你们组？"我把视线对准了可爱的朱润。其他的孩子都知道这下朱润有戏可唱了，看着他发笑。"他就过来，对我说，我参加你们组，好吗？我说好的，结果他就过来了。他甩绳甩得还是很卖力的，评上了最佳甩绳手。"朱润细声细气地说。"哈哈！说明咱们的朱润有魅力呗，朱润，你把这'包袱'背了，怎么样？"我笑着对朱润说，其他的孩子一听，不约而同地笑了。

"他一听有人提出不要他，心里肯定难过。其他的六个组都坚决不要他，这时，你若答应要他，他的心里将充满感动。但是，你要记住，你不要轻易就说要他，要向他提条件，看他答应不答应。再说，他跳绳比赛时来找你，说明他很相信你！"我在一旁指点着，其他的孩子终于领悟到我与他们谈话的真正意图了。朱润在一旁连连点头。

说干就干，在品德课上，我让每个小组先在一起讨论一下，说一说他们组里哪位同学最不受欢迎，最令人忍无可忍，大家都想把他轰出。一声令下，孩子们以小组长为中心，开始围聚在一起讨论。

开始汇报了，第一小组，"没有。"

第二小组，"没有。"

第三小组，"没有。"

"陈鑫炜。"组长陈媛媛的这一句话刚出口，全班孩子所有的目光就齐刷刷地如聚光灯一般聚焦在他的身上。陈鑫炜的脸一下子红到了脖子边，嘴上挤出了几丝勉强的笑意，皮笑肉不笑，估计心里在哭泣吧。人要面子树要皮，高年级的孩子，已很有面子观念了。

"哪个组要他呢？"我连忙高声询问。我让各小组轻轻商量一下。

"不要！"

"不要！"

"不要！"

"不要！"

……

七声连续响亮的"不要"。全班同学此刻的眼光纷纷集中在最后一个小组长朱润的身上。我故意把朱润放在最后一个问。成了"失群的孤雁"，对这个孩子来说，有多少的难堪和煎熬呢。同伴的作用对孩子来说相当重要，同伴的地位甚至高于父母。

就只剩下最后一位小组长朱润了。全班的孩子纷纷抱着一颗好奇心看着他，倘若他说一声"不要"，那鑫炜就成了没组织的单干户了。

"要是可以要的，但是我想先向他提个条件。"朱润站在那里说。

"好呀,那你自己对陈鑫炜说。"陈鑫炜宛如黑夜里看到了一丝亮光,如箭一般去教室门外听朱润谈条件,不一会儿工夫,两人进来了。

"他已答应我的条件,我组要他了。"此刻的鑫炜,刚才绷紧的心放了下来,终于有个"哥们儿"接收他了,那番滋味不亚于冬天里的一把火,夏天里的一阵凉风吧。

"孩子们,我们先以热烈的掌声祝贺陈鑫炜在新的小组能有个好的开始,在小学阶段最后的一个半月时间里,能相处愉快。"孩子们的掌声热烈地响起。

此后,抱着万分感激的鑫炜,平安无事地度过了他的小学生涯,没有再闹一点情绪。

 温馨提示

王晓春老师在《做一个专业的班主任》一书中说,有些学生并不害怕"官方"的批评,甚至连处分都不在乎,但是他们却害怕同学的私下议论。

确实是这样的,时常会遇见这样的孩子,他在家已属失控状态,找他父母根本无效,老师的谆谆善诱和善意批评这些常规的教育手段根本不能起到丁点作用。他抱的是无所谓的态度,在班上没有集体的规则意识,自由散漫,自己想怎么样就怎么样,搞得班主任焦头烂额,心力交瘁。

每一个孩子都能找到通往孩子的心灵之路,利用这阶段同伴作用高于父母的心理学规律,上佳的决策就是攻击孩子的心理防线。

班主任应该仔细地研究、调查与分析,班上哪一位同伴是他最崇拜和愿意接近的,并及时与这位同学沟通和商量:在班上同伴的舆论打击之下,在最后的关键时刻,能挺身而出,接纳他,包容他,在心灵上给他温暖,做他坚强的后盾,以此来攻破孩子的心理防线,进而达到理想的教育效果。

上文中的鑫炜同学，当听到没有一个小组欢迎他、愿意要他时，他的心里充满着难堪、无奈与纠结。当最后一位小组长朱润说要他时，他就如在漆黑的夜晚看见一颗明亮的星星，那种心情，岂是用"温暖"所能描述的。此后，这个孩子对他的"忠告"与"劝导"往往比老师的教育更有效。

《孙子兵法》云，"攻城为下，攻心为上"。王晓春老师说，一个科学家型的班主任，同时也应是一个心理工作者。若想成为优秀的班主任，就得多研究孩子的心理，攻心为上，攻破孩子的心理防线，从而取得全面的胜利。

36. 身先士卒
——应对孩子不爱劳动的行为

 **情景再现**

"许老师，今天扣分了！"中午，我刚吃完饭，在办公室里坐定，卫生委员王婷就拿着一张扣分单，愁眉苦脸地来办公室找我。

"是什么地方扣了分啊？"我问道。

"是走廊的瓷砖上有灰尘。我提醒了她们不知道有多少次，但是，她们不听我的，不理我，于是，就扣分了。"孩子站在一旁，无奈地说。

"噢！是这样啊！那你之前为什么不汇报啊？你要知道，当你处理不了事情时，要及时汇报哦，扣分了，就比较被动了，对不对啊？"我对卫生委员说。她在一旁不停地点头。

我拿着扣分单子，来到教室询问情况。这时，全班的孩子纷纷揭发这四位承包走廊瓷砖清洁的女生的"罪状"。

"许老师，她们总是不擦瓷砖，早上来得很晚。"

"许老师，我从来没有见范宇玮擦过一次瓷砖，来了嘛，就交交本子，然后就没事了。"

"许老师，左纯存每天早晨都来得很晚的。"

……

孩子们你一句，我一句，纷纷指责着四位负责擦瓷砖的女生。她们一个个站在那里，张了张嘴，又都低下了头，知道自己错了。

 **临场应变**

现在的孩子，特别是我们本地的孩子，家庭生活条件优越，一个个在家都是衣来伸手、饭来张口的小皇帝或小公主，什么家务都不用干，也不会干。到学校，天天早晨要擦这一块块冰冷的瓷砖，你说有多难？！难怪有几位娇气的小姑娘是能逃就逃，能不做就不做了。

很遗憾，被安排擦走廊瓷砖的四位女孩，范宇玮、左纯存、沈奕晰、张英杰全都是娇滴滴、懒洋洋的小姑娘，她们擦瓷砖，用一句话来说就是两天打鱼，三天晒网。

如何来激发她们对劳动的热爱之情呢？此刻，我看着她们那低垂的头，脑子一动。

"孩子们，今天我们班级扣分，我这位班主任也负有直接责任。不管怎么样，教这四个同学已两年了，还没能让她们爱上劳动，说起来，我这位班主任真是不够称职。要不，我和她们四个一起来给这些瓷砖洗洗脸吧！"我用征询的口气，对全班孩子说。

"许老师，你就不用了吧，我来帮她们吧！"勤快的陈松这么说。

"不用不用！你们是你们，我是我，她们四个是她们四个，既然扣了分，按照我们的班规，相关责任人一定要接受惩罚。来，我们一起来劳动吧！"我拿了一块抹布，指挥着这四个女孩。

听我这么一说，这四个女孩也都拿上了抹布连忙跟着我走出了教室。班上的同学都出来好奇地观看。

我丝毫没有理会她们，独自在走廊上开始擦起了瓷砖。我俯下身子，用抹布细细地擦着,边擦边与她们四个女生聊天,"张小姐,你怎么忘记了啊?"我笑着对张英杰说。"我早晨来得太晚了,庄老师已经在教室里了,我就忘记了。"这个大大眼睛的小女孩对我说。

"哦,原来是这样啊!那范宇玮呢,好像同学们对你的意见最大哦!"我笑着对这位范大小姐说。

"不知怎么回事,我总是忘记要带抹布来,还有早晨总是会忘记清洁任务。"这小女孩不好意思地说。

我们边聊边干,不亦乐乎。

"太阳光,金亮亮,雄鸡唱三唱,花儿醒来了,鸟儿忙梳妆,小喜鹊,造新房,小蜜蜂……"在我的带领下,我们一起唱起了这首《劳动最光荣》的歌。好一幅开心热闹的劳动情景图!

"孩子们,请其他孩子作证,下回,若她们再忘记,许老师再来陪她们一起给瓷砖姑娘洗脸蛋!"我把抹布往空中一甩。

"什么?什么?给瓷砖姑娘洗脸蛋!"有孩子学着我的腔调,戏谑。

有了这一回我亲自陪着的"给瓷砖姑娘洗脸蛋",说来也真奇怪,这几个娇滴滴的女生再也没有忘记过给它洗脸。班上的孩子们对劳动似乎也更有兴致了。

 **温馨提示**

现在的"00后"孩子,在家几乎不用干家务活,过着衣来伸手、饭来张口的生活。别说是劳动习惯,连一点儿劳动意识都没有。

作为班主任,在平时的教育中,特别要注意与家长的沟通与联系,要求班上的每一个孩子每天在家为家长做一点力所能及的家务事,并请我们的家长落实好。平时在学校也特别要注重培养孩子对劳动的喜爱之情。我根据孩子对劳动的积极程度,由全体孩子监督,各责任组长推荐,每天在班上评选三到四位"爱卫天使",写在黑板的一角,进行张榜表扬,连续三次登榜,可换一张"劳动之花"的奖状。此举,大大激发了孩子们对劳动的热爱之情。

尽管如此"浇灌",总归还有几个在家娇生惯养的不爱劳动的顽固孩子,特别是在家备受宠爱的女生,不愿意劳动,或者忘记了劳动。班主任可采取"与民同乐"的方式,与他们一起劳动,身先士卒,与他们边聊天边劳动,让他们在精神愉悦中感受劳动的快乐,然后,通过与家长的联系,呼吁家长在家多给孩子创设劳动的机会,如斯,让现在的备受宠爱的孩子爱上劳动,也并不是一件困难的事情。

37. 以牙还牙
——应对孩子的喊绰号行为

 **情景再现**

"许老师,卢秋阳和施煜韬在打架。"陈华一脸着急地跑来告诉我。我赶紧走进教室,了解情况。

"许老师,卢秋阳老叫我'烤乳猪',我叫他不要叫了,他还是叫。"胖嘟嘟的煜韬一脸愤怒地说,眼睛里喷射出两道怒火。呵呵,我一看皮肤白皙、细嫩的小胖子,心里不禁为卢秋阳的"创意"暗暗叫绝,还真贴切。可是,怎么能这么称呼同学呢?我一看卢秋阳,他努了努嘴巴,低下了头,看他的样子是承认不讳了。

 **临场应变**

"卢秋阳,你好有创意啊!你与施煜韬同窗五年了,他是'烤乳猪',那你肯定是与'烤乳猪'同属一类,你是什么?我看,你叫'老山羊'得了,'老山羊'与'烤乳猪',成为六年同窗,让它成为中山路小学的一代佳话吧!"我脑子骨碌一转,瞅着卢秋阳,对他一顿"叽

里呱啦"。

听我这么一说,站在边上观看的同学情不自禁地笑了起来。气呼呼的煜韬听我这么有创意地说,也微微动了动嘴角,咧了咧嘴。咱这可爱的秋阳,头发先天有点微微卷,一张小嘴的嘴角微微往上翘,说他是"老山羊"确实也有几分神似。

卢秋阳听我叫他"老山羊",紧紧地抿着嘴巴,一脸难堪和无奈。

"怎么样?别人叫你'老山羊'的话,好受吗?人与人之间是平等的,要相互尊重,想要别人尊重你,你先要去尊重别人。懂不懂?你是人,有自尊心,他也是人,也有自尊心的,你会将心比心吗?不要把自己的快乐建立在他人的痛苦之上。"我狠狠地教育着他。

"施煜韬,你听着,以后他若再叫你'烤乳猪',你就叫他'老山羊'。毛主席教导说,'人不犯我,我不犯人;人若犯我,我必犯人'。"我对施煜韬说,并让卢秋阳向他道歉。

我还把卢秋阳单独找到了办公室,与他进行了沟通,让他学会设身处地地思考问题,他承认自己错了,说以后会改正。

事情并没有到此为止,这一周的主题班会,我把活动内容定为"我喊同学的绰号了吗?",专门针对班上少部分人爱喊别人绰号的行为,引导班上的孩子进行了热烈的探讨,让孩子们意识到,喊别人的绰号是不尊重别人的行为,要想赢得别人的尊重,首先要懂得尊重别人,并在班上明确宣布——但凡谁以后再蓄意给同学取绰号,喊绰号,那将由我这位班主任直接赏赐给他一个"超级大名",作为他在我班的学名,并在我班"发扬光大"。

温馨提示

学生喊别人绰号的问题,每一位班主任都遭遇过。总有那么几位调皮的男生以伤害别人的自尊心为快乐,有意无意地背着老师给同学取不雅的绰号,并以喊绰号为乐趣。

班主任平时应多教导孩子,要懂得尊重别人,这样别人才能尊重你。喊绰号,这是不尊重别人的表现,是可耻的。同时,告诫班上的同学,当发现同学在喊别人带侮辱性质的绰号时,要学会上前严厉制止,并在第一时间内汇报给班主任。班主任处理事件时,要无条件地支持被喊方,并甩出"重型炸弹":马上赏赐给这位同学一个令人拍案叫绝的"超级大名",以牙还牙,让他也体验一下被人侮辱的不堪。

在此基础之上,班主任可专门开设一节主题班会课,通过多种形式,让孩子们明白,取绰号、喊绰号的行为无意中会给同学的心灵带来深深的伤害。

这些有效的措施,将大大减少学生取绰号、喊绰号的行为。

38. "我们大家都在等你呢!"
——应对孩子的迟到行为

 **情景再现**

早读课,我让倪慧洁带领班上的孩子读课文,课文已读了很久了,可第四组的第三个座位依然是空空的,范宇玮还没有来啊!我知道她是有名的"迟到大王",也曾提醒过她许多回,但似乎效果不大。

无奈。

我禁不住好奇地问同学:"这范宇玮总是来得这么晚吗?"

"是的。她总是来得很晚的。"马上有孩子如此告诉我。

过了好长一会儿,这位可爱的小姑娘才背着书包,站到了门口,她怯怯地喊了一声"报告",垂着脑袋,站在门口,不敢随意进来。

 临场应变

真想好好地训斥她一顿,作为一个学生,上课不迟到,应该是最起码的要求,难道连这也做不到吗?

转而一想,我可不能在一大早就破坏了孩子们的好心情,再说,这河东狮吼是最没意思的事情。

"来!宝贝儿!我们大家都在等你呢!快进来吧!"我伸开双臂热情地上去相拥,把她迎接到座位上,帮她把书包从肩膀上拿下。其他的孩子纷纷用目光注视着我们。

"孩子们,继续读!继续读!"我指挥着大家。范宇玮红着脸,很有点不好意思,赶紧拿出了书本和作业本,把作业本交给组长后,她马上捧起了语文书,琅琅地读了起来。

中午,我去教室找来了范宇玮,与她在走廊上有一搭无一搭地聊天。我一开始询问了一下她在云南工作的爸爸的情况,聊着聊着,看着她缓缓地放松了神经,我切入话题,"宇玮,你为什么每天都来得有点晚呢?能告诉我原因吗?"孩子低着头告诉我,早晨总是奶奶叫她起床,但是她总是磨磨蹭蹭的,每天早晨奶奶嘶哑着嗓子催促她快一点,她就偏慢一点,所以,来到学校就迟到了。

呵呵,原来是这样啊。"宇玮,起床是你自己的事,不是你奶奶的事情,以后不要奶奶催,自己起床,你看行不行啊?"我对孩子说。孩子点了点头。

解铃还需系铃人,孩子迟到的一个关键人物为奶奶,不解决奶奶的唠叨问题,孩子的迟到问题将难以彻底解决。

第二天早上,不是我的早读课,我特意在校门口等孩子和奶奶。这一天,孩子没有迟到,奶奶正想走的时候,被我喊住了。我与奶奶在校门口开始了长聊。一说到孩子早晨的起床问题,孩子奶奶与我说起来简直可以用"咬牙切齿"四个字来形容。这小女孩从小是爷爷奶奶带大的,

爷爷的话是半句都不听的，奶奶很凶，但因为是隔代亲，孩子并不怎么买奶奶的账。每天早晨奶奶像在火中，小姑娘像在水中，奶奶喊破了喉咙，她依然如温开水一般悠闲。听着奶奶的描述，我可以想象天天早晨她家中那一幕幕爱恨交加的情景。

"宇玮奶奶，孩子起床是孩子的问题，你只需给她定好闹钟，烧好早饭，至于起床，你不要喊她，也不要骂她，你让她去。她若九点来校，你也不要去说她，我会去找她的。"我指点着孩子奶奶，告诉她应该这样做。

费了很大的一番口舌，孩子奶奶答应了以后不再催促她，让自己的孙女明白，上学是她自己的事情，而非奶奶的事情。奶奶答应了。

我怕老人答应后做不到，又打通了孩子妈妈的电话，与孩子妈妈重点谈了这个问题，希望孩子妈妈今天晚上就这件事好好地与奶奶、女儿沟通一下，让孩子明白，上学是她自己的事情，并督促奶奶，以后不管孩子起床多晚，不要去催促和训斥她。孩子的妈妈本学期才刚到孩子的身边，正为孩子长期形成的许多坏习惯而郁闷，她听取了我的建议后，爽快地答应了。

在孩子妈妈、奶奶的共同配合教育下，孩子的迟到问题解决了。一个月后的一天，我又一回与孩子奶奶巧遇，奶奶满脸洋溢着笑容，说起来满是幸福，直夸我的办法好，现在早晨再也不用声嘶力竭了。

 **温馨提示**

一个迟到的孩子，不管是惯犯，还是初犯，当他站到教室门口时，内心总是虚的。若是班主任拦着他让他站在走廊上，不让他进教室，没多大价值，还可能一不小心引起他内心的敌视或自卑，那对孩子心灵的伤害有的时候可能是一辈子。

面对迟到的孩子，我总是不忘伸开双臂，笑着对他说一声，"我们大家都在等你呢！快进来吧！"让他原本惶恐不安的心灵有一种归属感，让教室成为他感到温暖的地方,对于偶尔迟到的孩子,如此的话语或许会让他一辈子觉得温暖。

对于个别的"迟到大王",班主任可通过聊天、谈心、与家长联系等手段,掌握孩子真实情况的第一手资料,了解这"迟到大王"迟到的真正原因。然后,对家长进行一些教育干预,提出正确的做法:现在的家长普遍都比较宠孩子,孩子依赖性强,起床都是爷爷奶奶叫。让爷爷奶奶把叫床改为闹钟催床,并且不再催促孩子……其实,每一个孩子都是很聪明能干的,当不能依靠外界时,孩子是能做自己的主人,能把好自己的舵的。许多时候,只是我们家长不放心而已!

做好了家长的工作,让家长有了正确的教养方式,也就有了一个九九艳阳天。

39. 做"负责"的文章
——应对班干部玩忽职守的行为

 **情景再现**

因为担任一个班的语文、科学两门主科的任课老师,再加上是班主任,备课、批作业、找孩子谈心、处理各种班级事件,占据了我几乎所有的上课以外的时间,所以无暇让每一个孩子的背诵都来我这儿一一地毯式的过关。

背诵这件事,我向来分两种办法执行:一方面要求孩子背给家长听并请家长签字,另一方面要求孩子在学校里背给组长听,组长再背诵给课代表听。

结果,某次我无意中获悉:有的组长向组员索取钱物免去组员背书;有的组长对组员要求极低,组员只要开口背一句两句就挥手示意他已经过关……

我真有些讶然,为学生小小年纪就有这样的行径。

我知道五年级的孩子们作业会比之前多一点,组长们在写完作业的间隙听组员背书本来就是额外的工作。他们或许很想休息一会儿,或许很想出去溜达一圈……因为,他们都还只是孩子;因为,听组员背书本不该是他们的分内事。

 **临场应变**

没有兴师动众,没有把一位位组长叫来谈话和询问,没有一句指责。我进了教室,在上课前首先宣布每篇要求背诵的课文都必须重新背一遍,且每个同学直接背给我听。

这样背了几个单元,效果很明显:昨天的单元测验中,孩子们的成绩是历次单元测验成绩中最高的一次。

我知道,我的机会来了。

今天这节课是试卷分析,我与孩子们开始了闲聊。

"老师非常高兴地告诉大家,这次测验,大多数同学都有提高。"孩子们眯眯笑。

"老师相信大家都和我有一样的想法:最近的重背课文对于提高成绩起了最重要的作用。但是,你们知道老师为什么要求大家重新背课文吗?而且是要求都直接背给老师听?"孩子们有些茫然。

我告诉大家:"因为我发现很多组长都很不负责任。有的组长向组员索取钱物,有的组长对组员要求极低,背一两句都算过关。"

"今天,许老师不批评这些组长。因为听组员背书这本来就是你们额外的工作。我知道你们平时很忙,要写作业,也要适当进行活动和休息。但是,我想提醒组长们:当初你申请做了组长,你就要履行一个组长的职责,你要对你的组员、对老师负责,也要对你本人的信誉负责。"

我顿了顿,眼神安详地环顾四周,继续说:"老师也要提醒不是组长的同学，你对自己负责了么？老师要求你背书，你却通过一些手段达到过关的目的，这是对自己负责么？上次我们讨论过，目前你们最重要的责任之一就是你们的学业。你对自己的学业负责了么？"孩子们静心敛神。

"我看着我们全班53个同学，想象你们20年、30年后的模样。或许，有的人会成为与许老师一样的普通劳动者，有的人会成为手握重权的高官，不管是高官还是普通劳动者，只要心中有正义感，是一个负责任的人，就都是一个好公民。如果你身处重要职能部门，你的老同学、好朋友找你办一些违反规定的事，你心里要有正义，要对大多数人负责而拒绝他。如果你拒绝了违规办事，你就是一个好公民。如果你只是一个普通劳动者，但是你在工作岗位上兢兢业业，那么，你也是一个好公民。"

孩子们的眼神有些疑惑。"老师想起几个人。一个是刚刚被纪委双规的桐乡市的副市长。他对自己的岗位不负责，违规办事，损害了国家的利益，最终触犯了法律，被绳之以法。"

"老师还想起两个人。一个是公交车司机。他在末班车结束后把车开回公司的途中，突然心脏病发作。可是，出于责任心，他用尽全力将汽车稳稳地靠边停下，而不是任由汽车失控。停好车后，他趴在方向盘上失去了知觉。等被人发现时他已经去世了。他是一个对自己的岗位负责的人。因为他的负责，他避免了一场交通事故的发生。而另外一个是在客运公司停车场负责登记进站车辆的人。他极不负责，未发现这个司机师傅的车没有开回车站。如果当时他及时发现这辆公交车还没有按规定回站，及时派人去找，或许那位司机师傅还来得及被送往医院急救，而不会去世。对比一下他们两个人，想一想，负责与不负责，会产生多么不同的后果啊！"

孩子们安静地聆听着。

我不愿意去给组长们施加压力，去斥责他们"玩忽职守"。但是我希望他们和其他孩子一样都能知道"负责"是多么重要的品德。一个孩子，长大后可以不功成名就，但是，不可以不对自己负责。尊重自己"负责"的信誉，他才有可能成为一个被大家尊重的公民。

 温馨提示

当今社会上存在的一些陋习，不知不觉会侵袭到校园这一方净土。但凡好好调查一番，班干部在班上"玩忽职守"的事情是否存在，答案大多是肯定的。腐朽与官僚时而会侵蚀孩子们原本纯洁无瑕的心。

面对班干部的"玩忽职守"，作为班主任，一方面要加强班干部队伍建设，加强他们的道德修养，让他们明白，班干部是为班级服务的；另一方面，要把握契机，在同学面前采取不指名道姓的批评，直面问题，然后，斜枝旁逸，在"负责"两字上大做文章，通过例举的孩子们或熟悉或不熟悉的"负责"与"玩忽职守"的事件，引导全班的孩子反思：你对自己负责了吗？你对自己的学业负责了吗？你对自己的信誉负责了吗？

平时课余饭后、上课期间，可利用时机给全班的孩子悄悄种下"负责"的种子，让孩子们明白，班干部只是一个岗位，这一岗位是为班级、为同学服务的。同时，也提醒所有的同学，人活在当下，就要对自己的行为负责，这样，他才有可能成为一个被大家尊重的好公民。

40. 让"情景"再现
——应对孩子乱扔本子的行为

 **情景再现**

今天早晨我起得早，吃过早饭，迈着悠闲的步子走上楼梯。孩子们早晨来了在教室里干什么呢？虽不是我的早读课，但我还是想看

看去。

抱着这样的想法,我放轻了脚步,放慢了脚步,悄悄地来到教室门口。一走进教室,一幕幕情景映入我的眼帘:乖乖!交作业本子的孩子一个个几乎站在原地,或者说稍微离开座位几步,随手往组长桌子上一扔,有的本子随着抛物线的弧线转了一个圈,到地上安家落户;有的本子随着扔的力度滑了一段路程……

唉!现在的孩子怎么这么懒啊?!连交一本本子,走几步也不愿意。我不由得感叹。今天我无意中看到的老师不在时的表现,该是孩子们最真实的表现。

 **临场应变**

"嗨,早上好!"我马上大声向孩子们问好。孩子们有点猝不及防。

"许老师好!"孩子们回应着。有的孩子开始去桌子底下捡本子,有的孩子看到我突然出现,猛地一惊。

"继续!继续!继续扔本子比赛!原来怎么样就怎么样!"我不露声色地说着,语气中带着一丝严厉,说着头也不回地走出了教室。

孩子们一个个噗在了那里,一下子没有了一点儿声音。教室里静悄悄的。英语老师来了,走进教室了。

怎么来触动孩子们的心灵呢?我请来了班长、副班长、中队长和四位组长以及部分同学,具体了解孩子们平时交本子时的情况。他们向我反馈,大部分男生交本子喜欢扔来扔去;有的组长在下课时发本子也喜欢这么扔来扔去。

我请了几个孩子,根据四个平时最易出现乱发本子、乱扔东西的场景,进行模拟表演,力争表演得入木三分:一是下课时组长发本子乱扔的场景;二是早晨交家庭作业时乱扔的场景;三是传本子的时候乱扔到后面的场景;四是搞完卫生后乱扔扫帚的场景。

中午,愉快教育时间。我走进教室,对孩子们说,先来欣赏几个小品吧。

四幕场景在孩子们的精彩表演中展示，观看的孩子一个个笑得前俯后仰。"看了小品后，你有什么话想说呢？"我组织孩子们讨论，通过热烈的讨论，大家达成共识：乱扔本子，没有教养。

最后，我不声不响在黑板上大大地写了几个字——细节决定成败！我让孩子们一起朗读并深深铭记。

 温馨提示

作为一位班主任，不仅要传道、授业、解惑，更要教导孩子们做有教养、懂礼仪的受人欢迎的孩子。细节决定成败，只有在细节上注意了，才能不断完善，做一个大写之人。

班上总有孩子贪图方便，发、交本子的时候，让本子乱飞，这符合小学生调皮、好动的年龄特点。当班主任发现这一情况的时候，不必大为光火，可采取让孩子们演一演的情景再现的方式，让他们自己去感悟、去发现、去讨论这样的行为是否恰当。然后，呼吁每一个孩子注重细节、注意自己的一言一行、一举一动，做一个有教养的孩子。

41. 明察暗访
——应对孩子的小团伙行为

 **情景再现**

我正在上早读课，突然发现，参加校美术兴趣小组的王婷在教室里，不禁好生奇怪。美术兴趣小组不是在早读时间活动吗？王婷她怎么会在教室里呢？

"咦，王婷，你怎么在教室里呢？不是要去参加美术兴趣小组吗？"

我连忙走到她身边问她。她坐在那里，一副欲言又止的样子。

"快去啊！怎么还不去啊？"我连忙催促。

"许老师，王婷说她不参加美术兴趣小组了。"坐在一边的胡蝶赶紧告诉我。

"不参加了？是美术老师让你不参加吗？"我问王婷。她坐在座位上，一声不吭。

看情形不对，我停止了追问，当做什么也没发生过。

等下课后，我找到一起参加美术兴趣小组的张煜、钱怡笑，向她们了解情况，她们告诉我，不知道什么原因王婷不去美术兴趣小组了，早晨钱怡笑还叫王婷一起去，但是王婷不愿意去。

那是什么原因呢？我请来了王婷，细细地盘问，她告诉我，是妈妈不给她买美术材料，她没有办法去。我马上拨通王婷妈妈的手机，她告诉我，根本就没有这么一回事，孩子说要买什么材料，她总是及时陪孩子去买好。我又打通美术老师的电话，询问原因。美术老师告诉我，她也不知道到底是什么原因，王婷突然就不来画画了。

难道是有什么难言之隐吗？为什么这孩子不愿意说出心里话呢？

最后，我向王婷发出通牒：你不老实说出不去画画的真实原因，今天就不要去教室上课。中饭，我让孩子盛好了端到办公室里吃。

等她吃完中饭之后，我又一次开始盘问。这一回，她涕泪纵横，抽噎着告诉我，钱怡笑和张煜两人很要好，去画画时总是约在一起，互相等待，她们把她排除在外，她觉得很孤寂，所以不愿意去美术兴趣小组了。

噢，原来是这样啊。联想到自己小时候，因为学习成绩优异，也曾被村里几个小伙伴驱逐在团队之外，那滋味很难受，我很理解她的心情。但我没想到，才小学三年级，班上就开始有这样的小团伙现象了，这实在出乎我的意料。

 **临场应变**

我找来了钱怡笑和张煜询问情况。这两个女孩坦然承认，平时她俩相约着去美术兴趣小组，王婷经常是独自一人去的。

作为两位班干部，不应该把王婷排除在外。针对合作与友爱，我与这两个小女孩好好沟通了一番。她们答应，以后不再这样做了。

课余，我在班上进行了一番调查，结果令我感到惊讶：看似风平浪静的班级背后，有三三两两的小团伙行为，有拉帮结派的行为，也有把某生驱逐在外、威胁某生的倾向，特别是在23位女生中间。

我连忙把女生召集起来，专门为女生开会。我重点围绕此类现象告诉女生，今生能同窗，是可遇而不可求的缘分，要好好珍惜这一份同学情。之后，我明察暗访，根据调查研究，锁定几位小团伙头头，重点对其进行人际交往方面的指导。

经过我的一番努力，我再次进行明察暗访，小团伙现象不再，班级又恢复了一派和谐与生机。

 温馨提示

进入中高年级，在班上，尤其是在众女生中间，特别容易出现小团伙现象。今天这个孩子与那个孩子好，明天那个孩子与这个孩子好，后天谁指使谁，不要与谁玩，与谁玩了就不再与她好……这是与女生心眼小、心胸狭窄、主意多的心理特征相吻合的。特别是当一个班级中能干的女生很多时，小团伙现象将更严重。班主任若不及时处理，人际关系将变得更为复杂，将严重影响部分被孤立女生的身心健康。

班主任要善于从一些蛛丝马迹中发现异常，通过明察暗访，关注班级中那几个成绩优异、能干的女生，找出小团伙的头目，把沟通工作和打击力度重点落实到这几个关键人物身上。班主任要悉心耐心地重点指

第四章 应对班级管理问题 143

导她们掌握人际交往技巧,让她们珍惜可遇而不可求的同窗友情。

打蛇打七寸。通过明察暗访,抓到了"头儿",班主任在此基础上开展教育工作,将更为有的放矢,也有利于班级的和谐与团结。

42. 去对玩具熊说
——应对孩子的打小报告行为

 **情景再现**

"许老师,林余乐做操的时候,总是喜欢打人。"可爱的嘉嘉特意跑来办公室告诉我。

"噢!知道了!"我笑着对他说,并未移动脚步。唉,这嘉嘉啊,又来打小报告了。

下午第一节,我去上语文课,孩子们在午唱。午唱结束之后,纪律委员范宇玮说,今天午唱不乖的是庄校晴,因为庄校晴在许老师没来的时候在扭动屁股,他提醒了也没有用。

我和同学们一起善意地笑了。这个可爱的调皮鬼庄校晴啊,总有花样玩出来。这时,嘉嘉又突然站起来说:"许老师,庄校晴天天放学后逼迫着他奶奶给他买玩具,不买玩具他就不愿意乘他奶奶的三轮车。"

庄校晴一听嘉嘉这么说,一双眼睛冒出仇恨的火花,连声说,"我没,我没。"嘉嘉万分肯定地说:"真的是这样的,我每天都看见了。"

 **临场应变**

哎呀!嘉嘉有事没事老喜欢打小报告,检举揭发同学的缺点或不足,很不受同学欢迎。如此性格,谁会喜欢?将来如何在社会上立足?看来,要好好地治治他的"病"了。

我没理会嘉嘉所说的,只当没听见。"聪明的孩子啊,拥有一双慧眼,善于发现别人的长处;愚蠢的孩子啊,拥有一双牛眼,骨碌骨碌专盯同学的缺点。想拥有慧眼的请举手。"唰唰唰,52双小手全都举了起来,当然也包括嘉嘉的那双可爱的小手。

"打小报告的孩子,不受人欢迎。以后,谁打小报告,谁就去与玩具熊说,我这里将不再受理。"我朝嘉嘉看一眼就上课了。嘉嘉讨了个没趣。

以后每当嘉嘉来打小报告时,我总不忘对他说,"嘉嘉,去对玩具熊说吧,它会听的。"连续三次,他就停止了报告,再也不自讨没趣了。

 **温馨提示**

爱打小报告的孩子,总是不受人欢迎。但是,孩子不知道啊,觉得同学有不对的地方、不好的地方,该及时地告诉老师,他还觉得自己是一位功臣呢,浑然不知道这样做将引起同学的愤怒,给自己的人际交往带来一定的障碍。不信,你去观察一下,爱打小报告,时不时来告诉老师、反映情况的也就那么几个孩子,班主任要是不及时采取措施制止这些孩子,久而久之,会造成这些孩子人格的缺失,影响他们将来就业时的人际关系。

当有孩子来打一些无聊的小报告时,班主任可先善意地告诉他,老是发现同学的缺点并来报告老师,会不受同学的欢迎。

倘若这孩子依然我行我素,爱打小报告,班主任就可对他说,"孩子,你去对玩具熊说吧。"班主任对他的汇报采取冷冻的方式,几回下来,孩子会觉得自讨没趣,不会再来报告。

"去对玩具熊说吧。"当班主任的这句话在孩子心中生根时,孩子打小报告的现象将大大减少,班级里的同学相处将更为和谐。

43. 童趣教育
——应对孩子的挑食行为

 **情景再现**

第三节课结束了,该开饭了。校晴和嘉德一个箭步把饭菜端进了教室。班上的孩子很关注吃什么菜,趁去洗手之际,都来看看今天吃什么。一看是豆腐干炒肉丝,有的孩子眉头紧锁,一脸不悦。

唉,也难怪啊,现在的孩子家庭条件好,在家都是孩子想吃什么就做什么。在学校,则讲究营养搭配,常常会安排一些孩子不怎么爱吃的素菜。

时媛媛分菜。我站在边上观看。

"时媛媛,少盛一点菜好了。"

"时媛媛,少盛一点菜好了。"

……

这样的话语不绝于耳,不时回响。因为我一向要求孩子不留剩饭菜,所以曾对他们说,若想少吃一点,自己主动与值日的同学说明。唉,我已经好几回发现孩子们的挑食现象了,且有越来越严重的趋势。

怎么办呢?

 **临场应变**

灵机一动,我突然想起了《窗边的小豆豆》中,小林校长与孩子们所说的山的味道和海的味道的情景。而且,这本书,我曾向我们班上的孩子隆重介绍过,班级读书架上还放着呢,大家都读过啊。

"孩子们,请先暂停一下,大家回忆一下,小林校长让小豆豆带什么饭上学呀？"孩子们不知是"陷阱"，一个个都大声地骄傲地抢着回答说："必须带山的味道和海的味道！"

"看来孩子们的记性很好啊，那许老师倒想问问，为什么要带这两种味道呀？"

"因为有营养呗！"有孩子在下面抢着高声说。

"那豆腐干属于什么味道呀？"我故意询问。

"山的味道！""山的味道！"哈哈，孩子们在下面抢着说。

"昨天我们吃虾了，这是什么味道呀？"我又询问。

"海的味道。"孩子们齐声说。

"小林校长说，要山的味道和海的味道，昨天海的味道大家都很爱吃，今天许老师听到许多许多句'少盛一点菜'，是不是山就比不过海了啊！"我戏谑。

哈哈哈哈……孩子们大笑，之后，没有人说要少盛一点菜了。

之后，每当遇见不合孩子们胃口的菜时，我总不忘适时模仿小林校长的那一句——别忘了山的味道和海的味道哦，孩子们就笑笑，点点头，乖乖地吃了起来。

 温馨提示

随着生活水平的不断提高，现在挑食的孩子越来越多，许多时候，遇见不爱吃的菜，干脆只吃一点点。

作为班主任，面对这种现象，绝对不能放任不管，觉得这只是家长的事情。优秀的班主任不仅要关注孩子的学业，更要关注孩子的心灵、饮食的均衡性等方方面面的内容。如果班主任单纯对孩子们说，要保持营养平衡，荤素都要吃，这样的话家长也许说了不知多少遍了，孩子们听了很难有所反应。

班主任可借鉴教育经典名著《窗边的小豆豆》中的小林校长教育孩子们的话——带齐山的味道和海的味道了吗？这富有童趣的儿童化的语

言，很贴近孩子的心灵，使孩子们很容易接受，当然就有立竿见影的效果了。

44. 用幽默的方式呈现
——应对孩子给班级扣分的行为

 **情景再现**

中午，我在办公室里刚打开电脑，只听见我班大队委员陈梦龄一声响亮的"报告"。

紧接着，她递给我一张白色的纸条，原来是一张扣分单。她说："沈豪威两次讲方言。上次检查的同学提醒了他一下，没扣分，这次就扣了1分。"

此时，我心底的怒火一跃而起。上周，整个行知楼就我班白鸽奖扣了分，周一升国旗宣布时，令大家颜面无存，今天怎么又扣了1分，到底是怎么一回事？

"快，把他叫来！"我火里火气地说。

 **临场应变**

不一会儿，一声怯怯的报告声在耳边响起。只见沈豪威低垂着脑袋，嘴唇抖动着，脸涨得通红，站到了我的身边。瞧他这样，我做了一个深呼吸。算了，孩子也不是故意为班级抹黑的，对付这样内向的同学，还是少用严厉批评吧。

"沈豪威，许老师真没想到，你如此热爱家乡。我代表66万桐乡人民，对你的这颗炽热的爱乡之心表示感谢，为你努力保留桐乡人民的方言而鼓掌！"

他一边听我说，一边抿着嘴巴，眼睛笑成了一条缝。

"老规矩！扣了分，要干什么，你去准备吧！"（依我班班规，凡扣了1分，要写300字说明书一份，并当面向同学道歉。）我朝他一挥手，他笑着离开了办公室。反正分已经扣了，严厉的批评又有何用？发火可是很伤身体的。

终于等到了第三节课，该我执教了。

师生问好后，我神情严肃，一本正经地对全班同学慷慨激昂地陈述："孩子们，你们知道吗？因推广普通话，我们中国平均每天流失两种方言，而且速度还在加快。简直痛心呀！"我微微皱眉，双手捂住胸口，做出一副痛心状。

"那光辉灿烂的文化，悠久的历史，正在人们的无意识中缓缓消失。语言学家痛苦呀！"我把头低下，那痛苦不堪的表情，搞得孩子们有点摸不着头脑，一脸的惊愕：今天，咱可爱的许老师是不是吃错了什么药呢？

"失去语种就是失去我们的根！语言学家发出了这样的感慨——谁来拯救我们的方言？"我说。学生听了这句话后，表情也随之压抑。

"在我们班级里，有这样的一位同学，他听到了语言学家、社会学家的呼吁，他用自己的行动大声响亮地说：'别怕，让我来吧！'"我声音提高了八度，响亮地说。学生迅速反应过来了，一个个笑得前俯后仰。

我丝毫没有理会孩子们的笑声，继续大声地说："于是，为了让我们桐乡的方言发扬光大，为了让我们菊乡的方言名扬世界，他，心甘情愿地，无所畏惧地，接受老师的批评，将潇潇洒洒地写300字说明书，甚至于，不惜牺牲班级的荣誉。如此的一颗炽热的爱乡之心，如此的一份爱乡之情，深深地震撼了我。"我善意而激情地笑说，口吻中不表现出一丝嘲讽。

"孩子们，你们受震撼了吗？"我问。

"受震撼了！"学生异口同声地喊道。

"那请允许我代表桐乡市市长,向这位同学表示最诚挚的感谢!"学生们咧开了小嘴,跟着我的掌声也噼啪噼啪地鼓起掌来。

"可是,"我马上话锋一转,"可爱的同学们,"此刻,我一本正经地说,"爱家乡是好,爱家乡的方言也是好。但务必请注意讲究方法。敬请在座的各位在家爱方言,在校练国语。有则改之,无则加勉。"

"Yes!"全班同学齐声说。

沈豪威笑着不好意思地低下了头。

此时无声胜有声。

教育与快乐同在。

温馨提示

　　作为一位班主任,面对孩子让班级扣了分,该用一种怎样的心态去教育他呢?是劈头盖脸地把孩子找来训一顿,还是细细询问一下究竟,任其自然……笔者以多年的班主任工作经验认为,许多扣分情况都是孩子的无意行为造成的,少许才是调皮孩子的有意之举。

　　若是无意行为,给孩子一顿痛骂,既影响自己的心情,又让孩子觉得委屈、难受,实在是一件划不来的事情。若是这孩子故意所为,那他的心里早已做好承担暴风骤雨的准备。你在那里河东狮吼,他或许在心里暗暗笑你傻,这对他丝毫起不了作用。若是采取听之任之的态度,其他那些蠢蠢欲动的孩子,趁机也会"作祟",故也万万不可。

　　班主任一定要对始作俑者进行教育,且在教育过程中要运用一些教育智慧,努力挖掘扣分内容所涵盖的信息,采取幽默的方式呈现出来。在笑声中,在欢乐中,让孩子不断反思自己的错误,进而达到教育的效果。

　　如何挖掘扣分内容里所涵盖的信息呢?这就需要班主任不打无准备之仗,事先构思好,若是地上有垃圾,可从环保的角度去构思;若是红领巾没戴,可从烈士们的鲜血淌流角度去酝酿;若是做眼保健操时偷偷地睁开眼睛,可从搞地下工作的私密性来思索……上述的这个案例中,我从方言流失快,呼吁孩子们保护方言这个角度,用幽默的方式教育孩子在校讲国语,在家练方言,既贴近孩子们的心灵,又让孩子们在轻松快乐的环境中接受了教育,起到了很好的教育效果。

45. 一笑而过
——应对孩子传纸条的行为

情景再现

"许老师,不知道这纸条是哪里来的?"胡蝶皱着眉头,拿着一张揉得皱巴巴的纸条,走到刚进教室的我的面前,对我说。

"纸条?你从哪儿捡到的?"我问。

"我看见在张珽峰的桌子底下。"

"哦,我知道了。"我拿起来细细一看,"张珽峰是个坏家伙,在学狗叫",上面的一行歪歪扭扭的字,从笔迹上看,似乎是王婷所写。教他们快三年了,每一个孩子的笔迹我都能分辨得一清二楚。

王婷为什么要写这样一张纸条呢?她对张珽峰有什么意见吗?

临场应变

"孩子们,古有飞鸽传书,莫非我们班有人要飞手传书?"我扬扬手中的那一张皱巴巴的纸条,笑着说。孩子们情不自禁地笑了。我观察到王婷的脸微微一红,虽然是一闪而过,但敏锐的我还是注意到了。

"其实,我很理解传纸条的那位同学,要不是心中郁闷,他也不会这么做。唉,许老师小时候也传过纸条,曾借助纸条来发泄愤怒。所以,我决定不追究这纸条的小主人了。其实,传纸条只会加深彼此的仇怨,是下下策。冤家宜解不宜结。"我发表了一番意见后,就把纸条放进了讲台上的粉笔盒里,开始讲课了。

教室里恢复了宁静。

第一天,我只当没有发生什么事。

第二天,我依然不把它当一回事。

第三天的中午午休,我叫来了王婷,请她在我的身边入座,并展开那张纸条,询问她是否受了什么委屈。

她开始抿着嘴巴不说话。

"没有关系的,要不是你心中受了委屈,你不会这么写的,有什么委屈,说出来让我听听,好吗?你不是每晚在张琎峰家做作业吗?不是他妈妈在辅导你做作业吗?照理你应该与他很熟悉、关系很好的。"我微笑着引导她。

"张琎峰他妈妈在帮我们辅导功课,张琎峰很稀奇的,对我们态度很差、很凶的。敖企伦他们也这么觉得。"王婷边说边哭泣。

"噢,原来是这么一回事啊,他可能觉得他妈妈在辅导你们,心理上自己有一些优势。等一下,许老师找他谈谈就可以了。"我对她说。

"你觉得郁闷,就通过传纸条来发泄,你自己觉得这种方法好吗?"我继续问她。她把头摇得如拨浪鼓。

"那可以通过什么方式来解决呢?"我问她,她在一边摇头。

"许老师告诉你,可以通过告诉班主任、告诉家长、告诉他妈妈等方式,获得大人的指点,也可以直接告诉张琎峰。你对他直接说好了,'我每天来你家接受辅导,每天付给你妈妈钱,你不能对我这么凶'。"孩子一边听一边点头。

她离开了,我请来了张琎峰,问起了这件事,孩子在一边点头承认对接受他妈妈辅导的班上的几个同学态度上是有点凶。

"张琎峰啊,你妈妈是收费辅导的,他们若因为你凶而不愿来了,那你妈妈将少了收入哦!"我对他谆谆善诱。他答应我以后再也不对同学凶了。

从那以后,张瑛峰、王婷和谐相处,我再也没看到什么小纸条了。

 温馨提示

传纸条的现象一般发生在中高年级,随着现在孩子心理年龄的成熟,大有低龄化的现象。传纸条不外乎这几种原因:①表达喜欢之意。②表达讨厌之意。③出于好奇与无聊。

班主任发现传纸条的苗头,不要大惊小怪,在班上兴师问罪,大动干戈,或者报告家长,这样反而会引起孩子与你之间的隔阂,把怨恨的矛头指向班主任。

遇见此类情况,班主任要学会轻描淡写地处理:不影响上课的进程,采取一笑而过的方式,让当事人对你有点摸不着底。暗地里,你要摸底调查,首先搞清楚是谁写的纸条,分析他写这张纸条的动机,然后,把写纸条的孩子单独找来进行和颜悦色的谈话,此刻孩子处于忐忑不安的紧张状态,一般会告诉你写纸条的真实原因。

知晓了原因,处理起来也就更有针对性了。

46. 拥抱疗法
——应对孩子的打架行为

 **情景再现**

一上体育课,孩子们活泼的个性便暴露无遗。体育老师年纪较大,属慈爱的奶奶型老师,孩子们就更放得开,如出了笼的小鸟,在操场上乱撞乱飞。

我去上语文课,刚走进教室,就有孩子告诉我为佳的头上起了一个红包包。我赶紧过去一看,哎呀呀!好家伙,好大的"包包",与老寿星额头的那个寿星包一般大小。小姑娘在掩面痛哭，伤心不已。

我经过一番调查和研究发现，原来是班上三位超级人物的杰作，说起这三位超级人物，还真有话可说。物以类聚，人以群分。小晴、小振、小炜三位男生是班上三位鼎鼎有名的"吵无霸"，彼此之间拥有共同语言，整天一起疯，互相打打骂骂，好一番潇洒自如的景象。

原来，体育课上，小晴骂小振为"猪头三"，小振火了，抡起了拳头，一场残酷的战争爆发。无意中伤及无辜，小晴的拳头不偏不倚，正好打在了站在一边的为佳头上。瞬间，为佳的头上起了一个"包包"。

 **临场应变**

我让这三位"吵无霸"说说是怎么回事，没想到一个个全是指责别人，没有一个谈到是自己的原因。孩子只有意识到自己的错误，才有改正的可能。怎么办呢？

他们现都处于激动之中，首先，我必须想办法让他们冷静下来。怎么让他们冷静呢？我灵机一动，有了，先照常上语文课。

下课后，我请这三个男生来到办公室，没有一句训斥，没有一句批评，只是轻轻地对他们说："喂，兄弟们，你们三个不是哥们儿吗？是哥们儿，那就先抱在一起，拿出哥们儿的气概来。"三个孩子大感意外，用眼睛傻傻地看着我。

在我的示意下，三个男生的双臂紧紧围在一起，团团相抱。"不仅要抱，还要想想同窗好友的感情，更要想想自己错在哪里了。"我微笑着说。

我让三个男生紧紧抱在一起，在办公室开始了自我反思，我则在一边开始办公。

我偷偷用眼角的余光看看这三个孩子，一开始，他们的脸都红红的，板着，没有一丝表情，不知从什么时候开始，他们在互相微笑了，彼此之间的怨气不知不觉消失了。

过了一会儿,小晴低头走上来告诉我:"是我不对!我总是爱骂人!"

这不是很好吗?意识到自己的不对了。我连忙教给小晴三招暗示法:第一招,写在手心——管住自己;第二招,把"战胜自己"四个字写在文具盒里,经常看看,提醒自己;第三招,找位同学来提醒,当管不住自己的时候,可让同学监督。小晴郑重地点了点头,站到了我的身边。

另两个孩子意识到自己的不对了吗?我问这两个紧紧抱在一起的孩子,"意识到自己错了吗?"这时,小炜红着脸告诉我,"我管不住自己。"孩子低着头,很不好意思地说。

这时,我语气平和地指导他,该如何用三招暗示法来战胜自己。孩子点头应允了。

小振仍然说不知道自己错在哪里。我让他双手围抱自己的胸口,继续在办公室里反思自己的不对。

一会儿,他来到了我的身边。"许老师,我知道自己错在哪里了。我也管不住自己,经常要去打他们。"

呵呵,又是一个管不住自己啊。人,最强大的敌人就是自己。我又把"战胜自己"的三招,传授给他。

这三个男生此刻站在我身边,心平气和,主动对我说,要买水果主动向为佳道歉。

他们回到教室里,郑重地向为佳道歉。第二天,他们买了一些水果,又向为佳表达了诚挚的歉意。

此次"拥抱"之后,一下午,他们安安静静的。第二天,他们安安静静的。第三天,他们仍然安安静静的……

 温馨提示

做班主任,经常会遇见一些打架事件。

任何事情的发生都有因有果,孩子们不会无缘无故就打架。打架的

背后，往往隐藏着某些信息。班主任不要一看见打架，就用管理的形式，每人写300字或500字的检讨书，或把孩子劈头盖脸地痛骂一顿，这样，也许他们会把怒火发泄到班主任身上。班主任要沉着冷静，要去盘问和了解，了解打架事件的原因。

什么时候去盘问和了解呢？这涉及一个方法和技巧的问题。在打架刚拉开的时刻，当事人都处于激动和亢奋之中，不冷静，易冲动。马上处理，效果就不是很理想。所以，一看到打架现象，班主任要想办法，先让当事人冷静下来，多反思自己的错误。比较有效的冷静办法，就是上文中所提到的"拥抱疗法"。通过拥抱来拖延时间，调适当事人冲动的心境，给他们一个缓冲期。当事人的心逐渐冷静下来的时候，也就到了他开始反思自己、检讨自己的时刻了。

通过了解和询问，班主任就会明白引发打架的真正原因，了解了原因后，解决问题也就更容易了。

有些孩子是初犯，一般而言，一定是这孩子受了什么委屈，作为班主任要还他一个公道，同时告诉他，用武力不能解决问题。若是惯犯，班主任就要仔细分析孩子的成长环境和性格成因，多给孩子一些指点，多出一些点子，多帮孩子想一些有效的招数，以此来克服自己本身的性格缺陷；一定要少一些啰嗦，少一些道德说教。

上文中三个孩子的自控能力弱，从小就爱打爱闹。面对这样的孩子发生打架事件，作为班主任，教给他们"战胜自己"的招数，肯定会比惩罚或训斥来得更为直接、有效。

第五章

应对意外突发事件

班主任在班级经营时，在带领孩子从事各种活动时，总会遭遇一些意外突发事件，考验着我们班主任的应急能力。

班主任要沉着应对，争取身边的积极因素和可利用的资源，用一颗真诚的心对待孩子，这样，就可以比较圆满地解决问题。

47. 顺藤摸瓜
——应对低年级孩子爱在地上爬的怪异行为

 **情景再现**

又一回，在班队活动课排队的时候，小鑫在地上骨碌骨碌地打起了滚。"许老师，小鑫打滚了！小鑫打滚了！"有孩子来告诉我了。

班上的小鑫有一个特点，就是特别爱在地上打滚、爬走。当然，并不是所有的时刻他都会这样。要上体育课了，出门排队的时候，早操出去排队的时候……在这些令他激动的时刻，他都会从教室门口爬到走廊，就地打两个滚，宛如一只可爱的小宠物，在地上爬了几圈，那激动和兴奋退却一些后，他才会如别的孩子般排起队来。

清晰记得，一年级刚入学不久的九月中旬，正是我评中高职称的时刻。我上《肚子好饿的毛毛虫》一课，期间安排了一个课间操的表演。这孩子啊，喜形于色，太激动了，一说做操，竟连连在地上翻了好几个跟头。幸好，主评者朱特是爱孩子之人师，他以一颗宽容之心看待这事，还不停地对我说，一年级的孩子太可爱了。

小鑫啊，不要在地上爬啊，地上很脏的……这样的话，我已不知说过多少回了，全被他当成一阵耳边风吹过去了。只见他刚刚答应着，可等一下一激动，就全抛到九霄云外了。"你为什么要爬地？"某一天，我实在按捺不住好奇，问他。

"我也不知道啊，可能是小时候爬习惯了吧！"他皱着眉头说。

爬习惯了！多么可爱的一个理由啊！

 **临场应变**

这孩子啊，这么爱爬地，再看他上课时不能专心听讲，我该想办法让这坏习惯从他的生活中渐渐消失。用哪一招呢？我暗暗动起了脑筋——

要不，来个"爬地"比赛：一则，让他的"爬行"有一个淋漓尽致的施展机会，给予他动作的机会；二则，倘若他能拿个名次，就能激发他的成就感，给这个学习成绩较差、经常挨老师批评的孩子带来信心；三则，若他不能赢，他心里就会有种失落和挫败感，也许从此对"爬地"了无兴趣。步步为赢。

"亲爱的孩子们，今天的班队课，咱们进行'推车'比赛！"我马上更改活动的内容，刚一宣布，孩子们就激动得跳了起来。

我和小鑫两人配合，表演给孩子们看什么叫"推车"。其实，这是体育老师经常引导孩子们玩的一个小游戏：一个孩子两手撑在地，另一个孩子则拉着这孩子的两条腿，齐心协力往前走，讲究的是配合和默契。我对孩子们讲好比赛规则与注意事项后，我们就来到了操场。比赛由同桌进行配对，按照教室的四排座位，分四轮初赛，再进行决赛。

孩子们可激动了。可我的目光一直在小鑫身上扫射。还没轮到他时，他就与同为一对的庄校晴在边上排练，看得出来，他对这场比赛有志在必得之势。

在一阵欢声笑语中，终于轮到他比赛了，只见他伸开两只手臂，目光炯炯地看着前方，嘴巴抿得紧紧的。预赛中，他和他的搭档以较优异的成绩获得了小组第一，杀进决赛。

决赛了。他脱下了外套，不停地指挥他的搭档该如何做。看得出，他信心满满。所谓强中自有强中手，没想到，他和搭档在决赛中非但没赢得冠军，反倒落得最后一名。陈松组、黄泽洲组、陈金伟组，以迅雷不及掩耳之势，唰唰地往前冲，尽管有不少同学使劲地为他呐喊助威，

"小鑫加油！小鑫加油！"但是，能进入决赛的都太厉害了，而他个子小，手臂也相对短，先天条件并不优越。还没等他缓过神来，别人都一个个越过他冲到终点了。

我们欢笑着回到了教室，把热烈的掌声送给了胜利者。之后，还剩余一点时间，孩子们都在做家庭作业。只见他独自一人坐在座位上一声不吭，神情郁闷。

"小鑫，没关系的，这次没赢就没赢。要不，你以后多练练，争取下回赢……"我俯在他耳边，轻声对他说。

"不，不练了。"可爱的孩子告诉我，现在他对爬地一点兴趣都没有了……他一边点头，一边写字，眼睛红红的，我第一回看到他有一种想落泪的感觉。我悄悄地与他聊天，他告诉我，没想到自己会输。

呵呵，看着孩子的眉头紧皱，我心中却乐开了花。

 温馨提示

苏霍姆林斯基说，任何一种教育现象，孩子在其中越少感觉到教育者的意图，它的教育效果就越大，我们把这一条规律看成是教育技巧的核心，是能够找到通向孩子心灵之路的基础。

教育须无痕。

在班上，总有那么几个顽劣的孩子，拥有令班主任比较头疼的"怪癖"，比如，上文中提到的小鑫爱爬地，比如某些同学爱哭鼻子，爱在别人的书包上乱涂乱画等。现在的独生子女，在家受到的宠爱多，为所欲为，养成了某些不良的行为习惯，并将其带进了学校。面对有这样行为的孩子该怎么办呢？

作为一位班主任，一定要善于分析，多动脑筋，用智慧和爱心，出其不意，寓教育于无痕中，来一个以其之道，顺藤摸瓜。爱爬地的，来一个"推车比赛"；爱哭鼻子的，全班搞一个"影视剧流泪PK赛"；爱乱涂乱画的，来一个"涂鸦赛"……这样的孩子往往是恒心、毅力、自控力相对弱的孩子，真的要在众人比赛中脱颖而出，并不是一件容易的事情。因为此刻的他，往往求胜心切，急功近利，想想自己今天终能英雄有用武之地了，心态不能很好地摆正，而最终他很难在比赛中成为真正的赢家。一旦输掉比赛，他会对自己的这个癖好大失所望，进而心里讨厌这种行为，觉得这是"耻辱"的标志，面子上过不去。无痕之中，孩子的这些不良行为就会骤然消失。

作为一位班主任，还应该事先预设好，万一这种比赛，孩子超常发挥了，取得了佳绩，那班主任就应该大大赞扬他一番，送上丰厚的奖品，以扬起他前进的信心。这样的孩子往往在班上属于表扬关注比较少的弱势群体，这一胜利能激起孩子潜在的自信心。所以，运用这一招数，无论孩子输与赢，班主任都会步步为赢的。

48. 化消极因素为有利因素
——应对孩子的无意过失行为

情景再现

趣味运动会——转呼啦圈比赛喽！我带领孩子们来到指定场地。体育老师汤老师宣读抽到的名单，男生为石振涛和田家福，女生为徐晓红和徐磊娟。一看抽到这四位，我悬着的心放了下来，这几个孩子都会转，轻易不会掉，我还用担心什么呢？

当第一声哨子响起时，十位男生开始转动呼啦圈，轻松自如地转动着。努力啊，顶住。我站在那里不时鼓励着。三分钟，没有人掉。五分钟，没有人掉。八分钟，没有人掉。

该女生上场了。我说，要好好地表现，如男生一样，不要掉哦。开始转了，我看见徐晓红的手臂抬得比较低，容易碰到呼啦圈。我连忙提醒她手抬高一点。正当我提醒不到一分钟的时候，突然，徐晓红的呼啦圈噼啪一下，掉了下来。她一下子惊呆了，站在那里不知所措。我心一沉，心想，完了，我们班得最后一名了。

临场应变

"快出来吧！你还站在那里干什么呢？回教室吧。"她缩头缩脑地出来了，站在我面前，俨然一个"罪人"。"我让你把手抬高一点，你是不是没听见？没事的，回教室吧。"我无意中流露的失望，让孩子感受到了。

"我也不知道。手好像碰了一下。"此刻，她的眼眶里已溢满泪水，有点惊恐不安，站在一旁喃喃自语。

"没事的，回教室吧。"我对她说。

比赛结束，全班同学知道了比赛结果，全都垂头丧气地回到了教室。比赛真是残酷，徐晓红平时训练认真，从不轻易掉呼啦圈，这回就因不小心碰到才掉。我没有过多地指责和批评她，只说了一句，"你可要努力练习，将功补过。"

下班回到家里，我的心开始平静。这时，我才猛然想起，此刻她的心情肯定比我们班里任何一个孩子都难过，为什么我不能多给她一点安慰呢？已经失败了，再指责她还有什么用呢？她本是一个胆小的孩子，今天呼啦圈掉了，主要是她的心态没有调整好，心理压力太大，我应该帮助她分析一下失败的原因。拿什么去鼓励她，给她一点温暖呢？无意中，我看见我的一条白色的羊毛围巾，抿嘴一笑，计上心来。

第二天早上，我刚走进教室，正准备分析考卷，徐晓红走上来了，她递给我两张纸。我低头一看是一份反思。"我没有让你写反思啊？你自己主动写的吗？"她拼命点了点头，眼睛里又开始闪现泪花。一阵暖流涌过，多懂事的孩子。这围巾还带的真是时候。

中午，吃过饭，我让徐晓红把她写的反思读给大家听：

世界上什么药都能买到，唯有后悔药是买不到的，而我今天就做了一件难以补救的错事——为我们红日班抹了黑,在转呼啦圈比赛上转了个不及格。

事情是这样的:转呼啦圈比赛快开始了,汤老师报出了运动员的名字,而我则被抽中了。男生转了起来,随着时间一分一秒地流逝,我知道,我们也快要开始了。然而,我的心却越绷越紧,我紧张得快要喘不过气来了。哨声响了,我们的转呼啦圈比赛开始了,我不自在地转着呼啦圈,心中的紧张更是无法形容了。我听到许老师在嘱咐我"手抬高一点"。于是,我又把手抬高了一点,谁知,"啪哒"一声,呼啦圈掉了。我想想,对,是我的手指刚刚不知干吗,不小心碰了呼啦圈一下。

此时的我真是无地自容啊,我涨红了脸,木呆呆地看着许老师,因为我已经意识到自己闯了大祸,这祸不是我在班级中言语几句就能没事的,这祸已经无法挽救了,它关系着整个班级的荣誉。

我走出队伍,感觉这是梦境,这一切那么地朦胧,我实在不敢相信这个事实,不敢相信我为我们班级抹了黑。在这短短的时间内,我变成了一个罪人,一个令人生厌的罪人。我真是欲哭无泪,真想大声地喊:"对不起!"

现在,我想对许老师和同学们说:"对不起,是我害得我们班转呼啦圈比赛没得好名次,如果不是我,我们班转呼啦圈就不会掉了,要不然,就可以得第一名了。我真不该这么不争气,平时转不容易掉,而关键时候却掉了,为班级抹了黑!对不起,对不起,对不起!希望大家原谅我!"

当孩子读到最后,已泣不成声了。

"孩子们,今天许老师很感动。我被徐晓红同学的那份集体荣誉感所感动。胜败乃兵家常事,我们在本次呼啦圈比赛中失败并不可耻,从这次失败,我们看到了徐晓红那一颗热爱班级的心,这比什么都要可贵。所以,许老师要为她献上洁白的'哈达',表示我的敬意。我送一条洁白的围巾给她,希望能给她以后的学习和生活带来好运。"孩子双手接过围巾，含着眼泪说："谢谢！谢谢许老师！"

我目送徐晓红走回自己的座位。我接着说："孩子们，从本次的失败中，我们要寻找教训，看看徐晓红，为什么训练时总是不掉，而一旦比赛却掉了呢？这是什么原因啊？"

"是她太紧张的缘故。"有孩子在下面说。

"是啊，我们要像陈毅元帅那样，遇到事情不慌不忙，放好心态，调整好呼吸，这样就能发挥出自己正常的水平了，才能做好事情。希望我们从徐晓红这次失败中学会反思，前事不忘，后事之师啊。"孩子们一个个恍然地点了点头。

此后，时常看见晓红的笑脸，她遇事不再胆怯了，而我与她之间更是建立了美好的友情。她多次在文章中写道，这条围巾见证了她与我深厚的师生感情。

温馨提示

一位优秀的班主任，往往善于把握每一个时机。教育的契机随处可在，并不是只有胜利，才可以大书特书，也并不是所有的失败都狰狞可怕，关键是看我们班主任是否能够抓住失败这一点，努力去化消极因素为有利因素，这也是检测我们班主任处理事件能力的好时机。

孩子因无意过失造成对班级的不利行为，班主任应该用一颗宽容的心去接受，并想办法努力去消除孩子心头的那一缕缕不安。临场发挥不佳的孩子，往往是心理素质较弱的孩子，班主任若不想办法抚慰，可能会在长时间之内给孩子的心理留下一定的阴影。

作为班主任，可想方设法去寻找这孩子身上点滴的火花，挖掘有利的点，用积极的方式表扬并鼓励这个孩子，若能送上一点表示班主任心意的小礼物那就更棒了，会深深地打动孩子的心灵。如上文中徐晓红主动写反思检讨，班主任说她拥有一颗热爱班级的心，进而送上一条洁白的围巾，愿洁白的"哈达"带给她好运。可想而知，班主任的这一举动

第五章　应对意外突发事件

会给孩子的心灵留下多少温暖和感动啊。

最后，班主任还要善于总结，让全班同学剖析，这无意过失到底是因何而起，让全班的孩子从失败中总结经验教训，在以后的学习、生活中，尽可能地减少一些过失行为。

如上所做，为双赢。

49. 甜蜜的款待
——应对孩子误解班主任的行为

情景再现

北京市丰台区骨干班主任研修班的班主任们将前来桐乡听取我的主题班会课，我市教育局、教研室领导分外重视，来听我的试教。

课堂上，当我询问"当你收到老师送你的嵌名诗的礼物有什么感觉"时，美丽可爱的王婷高高举起了手。"我读了许老师送给我的诗很高兴。以前……以前……我……总是听见……许老师骂我……我以为许……老师很讨厌我的……"孩子居然哽咽着说不出话来了。

临场应变

这一幕太意外了，第一时间内，我愣在那里。

"许老师经常骂你吗，孩子？"我愣了一愣，转而问她。

"你有时候会批评我的。"王婷哽咽着说。

"那真的对不起哦！其实，许老师批评你，只是希望你能做得更好，我以后会注意的。谢谢你指出我的缺点。"我诚挚地对孩子说。

听了她的话以后，我久久不能平静。一年级的孩子虽然搞不清批评和谩骂之间的区别，但若不是我批评过多，孩子会有这样的心理吗？之后,我一直在反思:为什么王婷会有这样的想法?扪心自问,我自以为很爱她啊。她是一个美丽、气质不凡的小女孩,口才棒,上课发言积极,总能抓住要点,说得头头是道。学习成绩也不赖,位居前列,我对她印象很好。虽然每回放学她妈妈来接时,告诉我这孩子在家中如何不听话,督促她做家庭作业多累人,我总是一笑了之,常对她说,要学会鼓励孩子,要看到孩子的长处。

一年级第一学期期末,她因取得优异成绩,被评选为"五星标兵"。

第二个学期,对于评上"五星标兵"的她,顶着光环的她,自然不自然之间,我的要求显然比第一学期高,处处拿"五星标兵"的标准对照她的行为。我的眼睛如两道强烈的探照灯光,不再放大她的优点,而是寻找她的缺点。我锐利地发现:她上课时总是不听从老师的话,当老师指点写字时,她就迫不及待地在写了,时不时喜欢与同桌说说悄悄话……往往是刚刚点过她的名,没过多长时间,她又开始回复老样子。

渐渐地,我深深体会到她妈妈所说的这个小女孩的不听话和难管。

点名批评多了,与她妈妈联系多了,放学有几次她被留下来了……我的这些信息,也传递给了孩子这么一个信息:许老师是不喜欢我的,总是爱"骂"我。当然,这一切我是浑然不知。我觉得我的盯紧、我与她妈妈的及时联系都是出于对孩子的好,希望孩子早日改正缺点,成为我班的一只真正带领大家前进的领头雁。

一声春雷,如惊堂木拍案。孩子的一句话,惊醒梦中人。

事后,我好好找她谈了一次话,心平气和地告诉她,其实,许老师很喜欢她,批评她是出于对她的关心和爱护。孩子在一旁郑重地点着头。

用什么可以消除孩子对我的好意的误解呢?除了尽可能减少对孩子的批评外,我还悄悄进行了思考,怎样可以弥补我在无意中带给孩子的伤害呢?

前几天,班上另一位可爱的女生梓莹蹦跳着前来对我说,"许老师,我想要去你家玩。"看着孩子如此期待的眼神，我不忍心拒绝。对了，我也可以邀请王婷来啊。

当王婷听到我邀请她来我家玩时，她的一双大眼睛为之一亮，看我的眼神也柔和起来了，从她的眼睛里我读到了几分依恋。

那天下午，预约的时间两点快到时，王婷妈妈打电话过来。我非常诚恳地告诉孩子妈妈，孩子相对难教育些，她一直以为我不喜欢她，我要做一些感情投资，让她明白老师其实很喜欢她。希望她妈妈也能向孩子暗示这样的信息。她妈妈笑着答应了，并一再向我表示感谢。

王婷到了我家，我给她看我以前学生的照片，与她聊家常，谈同学，后来还让她和梓莹一起做了练习题。

我又盛情邀请她们去"小圆满"餐厅就餐。两个小姑娘露出甜甜的小酒窝，像两个可爱的小天使，与我和爱人开心地说笑着，优雅地吃着……

 温馨提示

曾有一个心理调查说，几乎每一位老师都觉得自己是爱学生的，但颇为滑稽的是，只有少部分孩子觉得老师是爱他们的。

为什么会有如此大的反差呢？老师往往觉得自己对孩子严格要求，完全就是爱孩子，希望孩子好。可孩子因为年幼，往往会从自己的角度来理解老师的爱。

我明明觉得自己很爱王婷，为什么在她眼中却成了不喜欢，成了"骂"呢？这是因为孩子不理解一些批评背后老师那关爱的动机。

一旦出现孩子对班主任的误解，班主任首先要学会反思，到底是什么原因导致了孩子对自己的误解。切莫因此而心生怨气，从此瞧那个孩子不顺眼，那样，与孩子的心灵距离就会越来越远。孩子毕竟是孩子，若有什么误解，班主任要敞开胸怀，宽容待人，并想法子去消除这些误解。

可以先找个安静的地方，或者在无人的办公室，或者在校园的某一个角落，与孩子静静地谈心。谈心时，首先向孩子表示歉意：因为自己的疏忽而造成该孩子的误解，要对孩子的误解主动承担责任。然后，认真地告诉孩子，老师的某些做法背后，其实隐藏着对他莫大的爱。孩子都是特别容易原谅班主任的，对孩子讲清楚后，他会逐渐理解班主任对他的那一颗爱心的。

此外，最好还能找一些机会来拉近与孩子之间的心理距离。比如说，邀请孩子上家里玩，款待孩子，和孩子一起去吃肯德基等都是有效的方法，能带给孩子心灵的温暖。一旦孩子对班主任产生了心灵上的亲近感，即便偶尔有批评，孩子也会觉得这是班主任的一种善意，是对他的关爱和关心，他也就特别容易理解班主任对他的那一颗希冀的心。

这样，师生之间所有点点滴滴的美好交往都将是一种幸福的相遇。

50. 借助外力来施压
——应对孩子把同学的考卷占为己有的行为

 **情景再现**

"许老师，我的考卷不见了。"学习委员陈超挠着头皮说。

"我和卢秋阳在做作业时，明明有的，可是后来陆志宏来了，没多久就不见了。"孩子愁眉苦脸地说。

"陆志宏？他来了就不见了？不会吧？！"我笑着对他说。这个小陆可是我很看重的孩子啊，品学兼优，文武全才。

"许老师，刚才陆志宏把英语考卷拿出来，我一看，上面我写的名字的印迹都还在，他用橡皮擦掉了，可还是能看出来的。我的考卷是他拿的。"没过五分钟，陈超兴冲冲地拿着考卷给我看，脸上写满"人赃并获"的喜悦。

我一看，果真有"陈超"两个字的印痕。"那你快去叫他来。"我对陈超说道。

临场应变

陆志宏微微皱着眉头，进了办公室，站在我的身边。

"你拿了陈超的考卷。"我开门见山，直奔主题。

"我没有！"他的声音没有了以往的干脆与响亮。

"证据确凿。你骗什么骗？"我一甩考卷。他摇了摇头，站在那里不吭声，一副要顽抗到底的模样。

"你到底做了没有？"这时，副班主任罗老师走过来询问。

英语老师陈老师走进来了，她一看陆志宏也在，觉得好奇怪。"喂，怎么小陆也在这里啊？这到底是怎么回事啊？"我大声地把他所做的事情一五一十地说了出来。

陈老师在了解真相后，连忙感慨："唉，没想到我们的班长竟做出了这样的事情！"

顺着陈老师的话，我对陆志宏说："喏，本来就是啊，当班长的更得做好同学们的表率。诚实是一个人最基本的道德品质。你实事求是地说，到底拿没拿陈冲的试卷呢？"我不依不饶，决定与他斗争到底。

最终，在事实面前，他无法抵赖，只好小声说："是我拿的。"

我大费口舌，与他进行了沟通，消除了他对陈超的憎恨之心，并叮嘱他将向全班同学道歉。他点头应允。

下午，我很郑重地对全班的孩子说："我们班发生了一件很不好的事情，这是一个小学生绝不应该做的事情。更令人遗憾的是，这事居然发生在我们班的班长身上。前事不忘，后事之师。为了让他更好地改正错误，吸取教训，为了警告其他同学不犯同类的错误，请当事人自己上来做出解释，向全班同学道歉。"陆志宏上来了，简单地说明了事情的经过，眼泪"吧嗒吧嗒"直落，向全班同学鞠了三个躬道歉，又向陈超鞠了三个躬，并向他道谢："谢谢你帮我指出缺点，让我第一次犯错误就受到了惩罚。谢谢你！"

我开始发话了："人无完人，金无足赤。每个人犯错误是难免的，关键看以后能不能改正。今天的事大家不得告诉别班同学或者家长。让我们用一颗宽容的心来接纳全新的陆志宏。好吗？"

"好！"

第二天，我收到了一封忏悔书：

我的忏悔书

在周日的时候，我因为找不到考卷，就到陈超那边去复印。我看到桌子上有一张考卷，本想拿去复印一下，但见陈超没有写完，就从边上拿起一块橡皮，把那答案擦了，然后偷偷地带回家做了起来。

我不应该这样，我这样做会使别人很伤心。这是没有道德修养的表现，是一名小学生不应该犯的错误。蚁穴虽小，可溃千里长堤。我记得老师曾经说过："一个人第一次做坏事便被别人发现而受到了惩罚，这是幸运的。"我这个不好的行为若不被别人指出，那么我肯定会聪明反被聪明误。我会觉得自己很幸运。我不会去抱怨指出我这"丑事"的陈超，而是要去感谢他，是他让我明白了我做的是件不好的事。勿以善小而不为，勿以恶小而为之。作为一个班长，一个大队委员，我应该做好榜样给同学起带头表率作用。可是，我有了昨天的行为，又怎么能得到老师和同学们的信任，继续担任这一重任呢？就算同学们选我，我又怎能高枕无忧呢？

我以后一定不再犯这一类错误了，非但如此，我还要反思在其他的事情上有哪些不足的地方。独木不成林，一个人是不可能有大成就的，从今往后，我一定要虚心听取他人的意见，绝不一意孤行。我更要戒骄戒躁，真心诚意地为每一位同学服务，而不是给同学带来烦恼与忧愁。一个人倘若没有基本的道德，那么不管他多有才干，也不可能有所作为；

就算他再怎么聪明,那也是一个歪才。

我一定改正这些缺点,它们是我的心魔。我要驱逐这些令我长大后造成更多更大危害的心魔,洗清我的"罪恶"。

老师们,同学们,家长们,我一定会从头开始,洗心革面,做一个勤勤恳恳、正直的孩子!

请你们用雪亮的眼睛监督我吧!

温馨提示

孩子总是在错误中成长的,特别是一些看似品学兼优的孩子,有时候,他们的行为,会令我们班主任感到匪夷所思。班主任处理班级事务时,一定要公平、公正、公开,不能因为他们的成绩好坏而掺水分,戴上有色眼镜。这些孩子往往比较容易麻痹我们班主任的眼睛。

这些孩子,平时因为学习上的种种优势,在心理上往往有一种自我优越感,一旦做错事情,他们负隅顽抗的抵御能力较一般的孩子要强。

班主任教育这些孩子时,可借助外力,利用副班主任、科任老师等同办公室的资源,与他们默契配合,形成一股强大的教育场,给这些傲气的孩子一个下马威,灭灭他们的威风,浇浇他们的火气,由此让这些孩子勇于承认自己的错误。

在此基础上,再通过与孩子心平气和地聊天,让孩子意识到自己的错误,表达忏悔之情,将收到意想不到的效果。

51. 用平静来化解好奇
——应对孩子偷偷玩性游戏的行为

 **情景再现**

一早,我来到教室,看到有几个孩子离开自己的座位,在乱吵乱闹。我没有一句训斥,只是让这几个孩子说一说吵闹的原因。

陈松是其中一位。这孩子不久之后就递上一份说明书。那里面的内容简直吓我一跳:"早晨,离开座位,我是有错的,但主要是W用他的小鸡鸡来拨弄我的屁股,我这才打他。"

哎呀!不妙了。

我想起了前两天的那一幕——陈松气呼呼地向我汇报一个情况,他在走廊上玩耍时,W突然冲上来,抱着他亲他的脸蛋。那时,我还找来W、思豪证实。W战战兢兢地来到我的身边,有点手足无措。

我没一句批评。

"为什么要亲他的脸呢?"我问。

"我喜欢小松才亲他的脸。"W低着头很不好意思。

"小松,你听见了吗?他是喜欢你才这么做的。"一听我这么说,陈松原本绷紧的神情缓和了下来。

"但是,W,你知道吗?你喜欢小松,但你要选择一个同学喜欢的方式。亲脸的方式,小松你喜欢吗?"我笑着问。

"我不喜欢!很讨厌!"陈松皱着眉头说。

"W,你听到了吗?我们要学会正确表达自己的爱,不要选择别人讨厌的方式哦!你可以用拉拉手、握手等方式啊!"

这时,站在一旁的思豪告诉我,W和小宇经常亲脸。"有这么一回事吗?"我问W。W掩饰着说没有。

当时，我一看他的神情不太对，想着什么时候该找这两个孩子好好地聊一聊了。

今天，我把这些情景——联系，突然意识到W身上的"性游戏"应该不是第一回了。我有必要深入了解，与孩子好好沟通一下。

 临场应变

我把W找来，压低声音指着小松说明书上的那一段话，轻声询问他有没有用小鸡鸡拨弄小松的屁股。孩子嘴上否认，但从他的表情可知，此事确定无误了。办公室确实不是聊天、交流的地方，我告诉孩子，等中午时写一份200字的说明书，把这么做的原因告诉我。

为保护孩子的自尊，我特地让孩子在午休时到我的办公桌上写说明书。W在说明书里写了许多小松欺负他的话，描述了早晨的幕幕情景，但对为什么要用小鸡鸡拨弄他的屁股一句话都没说。我从他写的文字中搜索到一条信息——因为我喜欢小松。

我马上找时间与他进行深入交流。

体育课时间，我和他坐在教室门后，拉上窗帘，开始了促膝长谈。一开始孩子有所顾忌，不愿与我多说，当我保证不会对别人说并与他勾手指后，孩子才缓缓告诉我：这样的事情，已经有过两回了。当我问他是从哪里看来的，是否是从电视里看来的，他告诉我，有一回到同村的小宇家玩，小宇用他的小鸡鸡拨弄他的屁股，他觉得好玩才这么做的。

哦，原来源头在小宇身上。

我把小宇也找来了，他也坐到了我身边。没多久，孩子告诉我，他那双胞胎哥哥经常这么与他玩游戏，他才想到与同班的W这么玩的。

我没有一句训斥，用相对平淡的口气轻轻地告诉他们：喜欢一个人，要用正确的方式，如拉拉手或送件小礼物等。小鸡鸡是男生非常重要的一个器官，要好好爱护，不然，会影响将来的成家和生活。我告诉他们，

现在你们大了,在一般情况下,不能轻易让人触碰你的身体,特别是小鸡鸡,包括你的家人、你的长辈。"

孩子们郑重地点了点头。

孩子们走后,我连忙打通小宇妈妈的电话,问孩子妈妈有没有察觉孩子在玩类似的性游戏。他妈妈告诉我,因为小宇哥哥的阴茎有包皮现象,在洗澡时,长辈经常帮他翻出来洗。

看来,小宇说哥哥经常这么玩是事实,并没有说谎。我提醒孩子妈妈,在此方面要多与孩子进行一些沟通,多教给孩子一些健康的娱乐方式。孩子妈妈连声表示感谢。

此后,类似的现象不再听闻了。

 温馨提示

七八岁的小孩玩性游戏,符合此年龄阶段儿童的心理和行为特点,他们有着较强的模仿能力,而他们的心智发育并没有因为对成人行为的模仿而超前,他们仍然以自己的理解直观地表达着对周围世界的喜怒哀乐。这些性探究活动都是受好奇心的驱使,他们渴望通过自己的观察与理解来认识性,而对自己和别人身体的好奇和关注,正是这一特点的重要表现形式。

孩童期的性游戏及其经验,对其今后的性心理及人格的发展都有着极其深远的影响。作为班主任,有责任也有义务帮助孩子正确认识和对待性游戏,促进他们心理的健康发展。

一旦遇见孩子在玩摸小鸡鸡等性游戏,班主任要以一颗平静之心正确对待孩子的这些性游戏,不要谈性游戏色变,觉得这些孩子下流、恶心,小小年纪就开始学坏了。班主任要用合适的话语与孩子沟通,不能严厉训斥,但要让年幼的孩子知道这是不应该做的行为,用适合孩子年龄特点的语言指出行为的好坏,切忌简单粗暴或过于细致,给孩子的成长带来消极的影响,前者会使孩子认为性是肮脏的、丑恶的,后者则会激起孩子对性的过分好奇。

无风不起浪，孩子玩性游戏，一定会有一个源头。要找到原因，分析原因，并及时地告诉家长，让家长也能运用一些适当的语言与孩子进行沟通。最要紧的是，在班上经常开展一些有益身心的活动，让孩子在这些活动中释放精力，感受生活的丰富多彩，进行一些兴趣的转移，这样，孩子自然而然对性游戏就不再感兴趣了。

52. 就地取材
——应对孩子带小宠物来学校的行为

情景再现

踏进班级，我发觉学生正用一种怪怪的神情朝我凝视。

正当我纳闷时，"唧唧唧唧"，传来一阵鸟鸣。循声瞧去，电视机的铁栏杆上竟然凌空悬挂着一只鸟笼。一只黄毛红嘴的鹦鹉在快乐地上下翻腾、跳跃。

我的瞳孔放得老大，嘴巴张圆，正当我想问是怎么回事时，猛地，几天前的情景一一浮现——

周二批阅生活作文时，小豪写了一篇文章《一只美丽的小鸟》。文章写得生动有趣，一改他往日的文风，当时我有点儿怀疑是克隆而来，故在文末幽默地写道："是你家的小鸟吗？如此的有灵气！不是一家人，不进一家门，莫非是受了小主人的影响？嘿嘿！啥时候拿来，让我也感受一下小鸟带来的乐趣。"

他的文章被作为范文，当众朗读给同学们听。当他读完我的评语后，我戏谑着又补充了一句："可要拿来的噢。"他眨着一双可爱的小眼睛问："那我什么时候拿来呢？"我随口说："就星期六上兴趣课的时候吧。"

此话纯属玩笑，我随即就忘记了。

万没料到，今天他真的提着鸟笼把小鸟带来了。他家离学校约二十分钟的行程。若是步行，一路拎来手可酸了；若是骑车，那一手把龙头，一手拎鸟笼，那不是很危险吗？何况今天又下着蒙蒙细雨！想想自己，就这么一句不负责任的玩笑话，要带给他多少麻烦。我的心里愧疚极了，不停地责怪自己。

上课了，鹦鹉不时地发出清脆的叫声，吸引着同学们的注意力，同学们喜滋滋地望着它，一张张笑脸洋溢着春天般的笑容。我被他们的快乐情绪所感染，情不自禁地走到笼边，仔细地瞅了起来，只见鹦鹉一会儿喝水，一会儿唱歌，一会儿跳跃，煞是玲珑可爱。"自在娇莺恰恰啼。"我赞叹着说："多可爱的鸟儿！"学生们看着我沉醉的样子，脸上洋溢着甜蜜的笑容，纷纷告诉我，它已学了一早晨的英语了。

 **临场应变**

索性，我停止了上语文课。

"孩子们，我们来欣赏这只可爱的小鸟吧！"我笑着对全班孩子说。孩子们兴趣盎然地放下了手中的书，饶有兴致地观察着，眼睛里流露出激动和兴奋。

"小鸟，是怎么活动的呢？"我让孩子们仔细观察。

"小鸟活动是两只翅膀扑腾着飞上飞下的……"

孩子们与我就这只小鸟愉快地交流着。

"孩子们，就地取材，借这只可爱的小鸟做写作的材料，我们一边聆听小鸟的欢叫，一边以这只可爱的小鸟为题材动笔写文章吧！"

我一声令下，唰唰唰，孩子们提笔写了起来，有的写早上见到小鸟一刹那的惊奇；有的写与同学一起围聚在鸟笼旁，看鸟儿腾飞；有的写小鸟离开了妈妈很是孤单；有的以小鸟为线索，编写了一则美丽的童话……孩子们文思泉涌，一篇篇活泼、有趣、可爱的文章，在他们笔下诞生。

此刻，我才真的理解，贴近孩子的、孩子们感兴趣的、最能引起他们共鸣的事物，才是最有生命力的。

因不经意的一句话，有趣的小鸟来到课堂，在孩子们心灵的记忆沙滩上，会怎样的刻骨铭心，怎样的欢欣鼓舞，怎样的难以忘怀呢？负疚之余，我多了许多的欣慰！

 **温馨提示**

童心如花。童心烂漫。孩子们那么可爱与天真，他们爱小动物的心，对小动物的好奇之心，似乎与生俱来。

遇见调皮孩子把自己所喜爱的小宠物带到学校里来的时候，班主任先不要带着批评、训斥的口吻，夹头夹脑地给其一顿教训，这样，首先受伤的是自己的身体。班主任带上一颗童心，蹲下身来看孩子，看待孩子的行为，将对孩子多一份理解。今天既然已经把小宠物带来了，班主任首先要确保全班孩子的安全，可找一些纸盒子来，先把小宠物装起来，以防止咬伤之类意外事故的发生。

全班孩子将会对这只可爱的小宠物产生巨大的兴趣，分散他们听课的专注能力，班主任要在第一时间内，在孩子们好奇心的基础上，顺势推舟，就地取材，让他们仔细观察这只可爱的小宠物，并以此为题材，展开孩子们的想象能力，让他们以这只小宠物为写作对象进行写作。孩子们一定会觉得特别有内容可写。

随着文字在孩子们笔下诞生，孩子们对这只小宠物的新鲜感会随着时间流逝慢慢冷却，上其他课时会不再关注这只小宠物。等孩子们冷静下来了，班主任再向全班的孩子强调，一般情况之下，不允许把小宠物带到学校，以免发生一些不必要的伤害。

53. 给予贴心的温暖
——应对孩子的突然生病

 **情景再现**

"许老师,朱慧钰生病了!头很烫的。"姚文丽走进办公室,向我汇报。

"是吗?我马上来。"我疾步走进教室,看见好多孩子围聚在朱慧钰身边,正在嘘寒问暖。

"怎么了,慧钰?我来看看。"孩子们看见我来了,赶紧让开。只见朱慧钰两边的小脸蛋红红的,正趴在桌子上。我一摸额头,好烫啊!

 **临场应变**

"难受吗?没有关系的,别害怕,许老师马上通知你爸爸妈妈,让他们来接你去看病哦!"我连忙安慰孩子,并拿起孩子的杯子,让姚文丽去倒了一杯热水,叮嘱她多喝一点水。

我赶紧拨打孩子爸爸的手机,没想到他关机了。

"别急哦!许老师再打你妈妈的电话。"拨了好久,她妈妈的手机也没人接。

怎么办呢?她爸爸妈妈都联系不上,总不能放任不管吧。

"慧钰,许老师先带你去看病吧。"我去办公室与数学老师先调了课,就扶着孩子来到学校南面的社区医务室。

医生说要输液。我一直陪着孩子,并脱下自己的衣服,披在孩子的身上。

输了一半的时候,她妈妈终于回电了。我告诉她,孩子生病发烧,我正带着她在输液。她妈妈告诉我,马上来。

不到十分钟，她妈妈就赶来了，忙不迭地对我表示诚挚的感谢。我放心地把孩子交给了她妈妈，自己去学校上课了。

温馨提示

时常会遇见孩子突然生病发烧、突然呕吐的事情，班主任一定要给予这个孩子最贴心的温暖，关怀备至地呵护孩子，让他在病中依然觉得如在家一般温馨。

班主任要在第一时间通知家长，让家长马上来学校带孩子去看病。万一通知不到家长，那班主任就应该先带着孩子去看病，再想办法联系家长。当孩子生病时，要把他当做自己的孩子一般呵护。因为一个人在生病时，总是特别脆弱，更何况还是一个孩子。

54. 及时进行包扎
——应对孩子的流血事件

情景再现

上完第三节课，该吃中饭了。我让孩子们先去厕所洗一下手，再回教室吃饭。我还在整理话筒，就听见一声焦灼的报告声。"许老师，不好了，小晴头上出了许多的血，撞破了。"还没等我反应过来，接着跑来了第二位同学，"许老师，许老师，不好了！小晴头上有许多血呢！"其他的孩子一听这个消息，全身亢奋，急匆匆地跑到教室外，去看热闹了。

又是那个可爱、调皮的小晴！

这个孩子，非常好动，整个人总是不能保持安静，写字速度慢，老想着在外面玩。昨天我刚与他妈妈联系过，今天他又出事了，我的心里除了担心还有发怵。这孩子啊！

我正想出去看看情况，数学老师扶着他进来了，天哪！只见他满头满脸都是鲜血，脸色煞白，不停地在抽噎着。

 **临场应变**

我连忙从数学老师那里接过孩子，用孩子们传递过来的餐巾纸（用酒精消过毒的棉纸），紧紧按住伤口，再把他脸上的血迹轻轻擦拭干净。

"没关系，别害怕，有许老师在，你不用担心。没有事情的，许老师马上带你去包扎伤口。"我轻声安慰着他并轻轻抱了抱他。二年级的孩子流了这么多鲜血，他心里紧张极了。

听了我的话后，孩子稍稍平静了一些。我看看血不再那么快地流出来了，就让他坐在一个椅子上，让两位班干部紧紧按住伤口。我指挥别的孩子有序地盛饭。我则去食堂找负责卫生的王老师，想让她帮着处理一下伤口。一经过102班，看见王老师正在分菜，我连忙向王老师汇报了这个事件。她立刻放下饭碗，到我班里看了看。

王老师带我们来到她的办公室。一看到王老师打开医药箱，小晴整个人就瑟瑟发抖，他毕竟是一个才八岁的孩子啊。我连忙紧紧地用手围住他，"别害怕！没事的！伤口挺小的。"此刻的孩子全然没有平时的调皮，只剩下了恐惧和紧张。我连忙安慰他，握住他的手，给他一点温暖和力量。

原来是头皮的一处小小的地方弄开了。王老师给孩子的伤口上了碘酒，消了毒，贴上了创可帖，她还告诉我，不碍事，头上是最易出血的地方，所以出了这么多的血，问题不大，不用上医院的。她也在一边安慰孩子不要害怕。

王老师处理好伤口，我扶着孩子小心翼翼地回教室了。

他吃完了饭，我开始了询问，想知道到底是怎么一回事。班上的孩子告诉我,小晴是在厕所里滑倒而撞墙擦破头皮的。因为他跑进去的速度特别快,再加上地面滑,摔倒的力度特别大。

"瞧你啊,平时许老师让你不要跑,可你总是把老师的话当耳边风,看看,看看,惹事了吧?"小晴不停地点头。此刻的他,特别安静。

"孩子们,平时许老师叮嘱你们不要乱跑,要慢慢地走,看看,你们不听话,今天出事情了吧!"看到小晴这样子,其他的孩子纷纷点着头。

"孩子们,以后可千万不要乱跑啊!不然如小晴那样出事情可就来不及了。今天小晴还算幸运的,倘若与同学相撞,撞掉了牙齿更不得了啊……"

我话还没说完,姚炜就打断我说:"许老师,庄校晴是自己摔跤的,没有跑。"

"是因为小晴跑得太快了。知道吗?小晴,是不是?"我连忙问孩子。小晴不停地点头。

"假如慢慢走的话,即使摔跤都不会这么厉害的。你们懂吗?""懂了!"他们异口同声地说。

之后,我打电话及时通知了小晴的妈妈,当他妈妈知道自己的孩子没事后,深知自家儿子的调皮好动,她还向我表示了诚挚的谢意。

 **温馨提示**

身处校园,每天面对五十多个孩子,一些意外事件防不胜防,也在所难免。特别是现在的孩子,因为是独生子女,家长都分外溺爱,好动、调皮的男生越来越多。许多男生很浮躁,一下课,就如可爱的小骏马般乱跑乱撞,不能安静。

作为班主任,要经常教导这些孩子学会做"安静天使",把一些潜在的安全隐患分析给孩子们听,让他们努力学会保护自己。同时,还要利用"校讯通平台"或家长会等形式,经常跟家长进行一些安全隐患方面的沟通,让他们平时多与自己的孩子进行沟通,平时加强对孩子的校园安全教育。尤其是对一些特别调皮的男生的家长,要把他们的孩子在校园里可能发生的一些安全隐患,分析给家长听。呼吁他们不要只一味关注孩子的成绩,每天要学会多关注、多教导孩子的行为习惯,多倾听孩子的内心,这样,一旦出现了一些意外的小事故,家长也就容易理解学校,理解老师。

万一不小心真的出现了流血事件,班主任一定要在第一时间赶到现场,去关注孩子,从语言上安慰孩子。不论伤口大小,要非常及时地找校内分管卫生的老师,进行一些消毒和包扎工作。另外,要及时通知家长,让家长决定是否还需上医院。若有上医院的必要,班主任要耐心地陪着家长一起去,让家长感受到班主任、学校的真诚,让他们理解到,这只是一起意外事故,而意外事故是难以避免的。

当确定孩子真的平安无事时,班主任再进行调查和了解,看看到底是什么原因引起了今天的流血事件,然后,与孩子们一起分析,如何做可以避免此类事件。此刻,活生生的教育,比平时老师、家长的千万句叮嘱,将来得更为直接和有效。

55. 齐心协力
——应对孩子出游时的意外事件

 **情景再现**

秋日的某一天,组织评选出来的"暑假好少年"和他们的家长一起去乌镇的华庄生态园开展亲子游。

孩子们在沙滩边的儿童乐园玩,我和家长们坐在一边,边聊天边看着孩子们玩。

"杨嘉德大便在身上了。杨嘉德大便在裤子上了。"张杭宇、钱怡笑急匆匆地跑过来说。

"啊?杨嘉德大便在身上?不会吧?!"我们闻言一惊,总不至于吧,要知道,他已经是二年级的孩子了,难道还不能自己大便吗?

嘉德奶奶更是疾步如飞,我们跟随在她身后,一起跑向孩子们玩的沙滩边。只见杨嘉德表情尴尬地站在一边,其他的同学都远远地站着,不时地在说:"好臭啊,我早就闻到臭味了。"

嘉德奶奶一过去,拉下孩子的裤子,乖乖啊,他的裤子上布满了黄黄的便便。一阵阵臭味飘来。

 **临场应变**

"你这孩子,便便了也不知道吗?"嘉德奶奶看着孙子,一脸愤怒。我们连忙对嘉德奶奶说,孩子还小,不要怪他了。

这时,倪慧洁妈妈拿出自备的擦汗毛巾,递给嘉德奶奶。"快给孩子擦擦吧!用这个擦容易一些。"张煜妈妈赶紧传上一大包餐巾纸。

我们几个大人把孩子带到水边,由嘉德奶奶先用餐巾纸给孩子擦屁股,再用沙滩里的水清洗一下毛巾。我们把布满便便的内裤、短裤也清洗了一下,装在了尼龙袋里。

孩子光着屁股可不行啊!怎么办呢?现在在旅游,还是九月份的炎热季节,又没有人多带一件衣服。总不能让一个9岁的孩子光着小鸡鸡走来走去吧!

徐斌宇妈妈想出办法来了,她告诉嘉德奶奶,把孩子的衬衫脱下来,套在孩子屁股那里,在前面打一个蝴蝶结,暂时遮一下差吧。

这个办法真不赖。呵呵,那件土黄的衬衣在嘉德的屁股那里打起了一个蝴蝶结。

孩子毕竟是孩子,依然玩得很开心。只是,我和数学老师看着那个蝴蝶结,总是按捺不住想笑。怎么会有这样的孩子,玩得连上厕所都不知道啊?

整整一个下午,大家依然玩得很开心。看看嘉德那可爱的样子,一个个大人和孩子都情不自禁地笑着,都说这一回的旅游真是特别。

 温馨提示

班主任每一回带着孩子出去旅游,或者组织亲子游等活动,事前的准备工作要尽可能地考虑充分。要建立一份安全应急预案,事无巨细,尽可能考虑得周到一些,责任落实到位,特别是带队的老师和协助管理的家长,一定要事先组织开好会,让大家明白,出行的安全要放在首位,告诫孩子不去危险区域游玩,不玩危险的游戏,不独自游玩等。

许多时候,考虑再充分,一些意外事故还是防不胜防的,如上文中的嘉德的便便行为,出发之前,我们是怎么也想不到的。

一旦出现事情,班主任要发挥核心指挥作用,丢弃抱怨,号召出游的大人齐心协力,共同想办法解决问题,让活动尽可能变得圆满与开心。

56. 镇定自若
——应对媒体的突然来访

 **情景再现**

教师节前夕的某一天早上,我正带领着孩子们在操场上参加周一晨会活动,升上国旗,校长正在司令台上慷慨激昂地说话,我则在维护班级的秩序。这些一年级的孩子,通过一周的强化训练,排队如一条直线已做得不错。

正当我起劲地不停地鼓励孩子们时,突然看见从校门口走来两位扛着摄影机的年轻人,一位美貌如花,一位阳光帅气,两个微笑着朝我们的队伍走来。我正纳闷,只听见那位美女在问:"请问,许丹红老师在哪里呢?"我连忙迎上去说:"我就是。""你今年获得了春蚕奖,教育局推荐,我们桐乡电视台要拍一个专题片。""什么?拍电视?我可一点儿准备都没有啊,这怎么可以呢?"我内心这么想,可又不好意思说。

晨会结束了,我带领着孩子们向教室出发,而这两位人员拿起了摄像机开始工作。到达教室的时候,校长走过来了,她告诉他俩,你们这样猝不及防,我们一点儿准备都没有,那怎么行呢?可是,电视台的美女帅哥反问:"难道教育局没有通知你们吗?"他们执意要今天拍。

 **临场应变**

看来,今天是不拍不行了。怎么办?咳,平时怎么样就怎么样吧,没有必要为了这面子上的"光彩"来点儿点缀与装饰,我也不是追名逐利之人。如斯想着,我的一颗心坦然放下,那就原生态应对吧。

要拍我上课的情景。我与平常一般,教孩子们读拼音,之后又让孩子写字,期间我就走到孩子的边上手把手地进行指点,很家常。

要找孩子采访了。才一年级的孩子,我也不想让孩子造假,他们想到什么就说什么吧。

美女记者说,要找一个胆子大一点、能说一点的。我找了丁梓莹,这小女孩能干又可爱,准行。"请问,你喜欢许老师吗?"美女记者问。"喜欢。""为什么喜欢呢?""因为许老师如一朵玫瑰花,她笑起来很甜。"俩记者情不自禁地笑起来了。"居然把老师比做一朵玫瑰花,有创意,"帅哥摄影说,"可以啊,这么说可以啊!"但一面对镜头,小女孩不知所措,不知该讲什么好了。也难怪,才一年级刚入学一周的孩子,对老师的概念实际上还不清晰!

于是,我又请出了平时活跃的陈松,可这孩子"呆"掉了,面对那个长长的话筒和镜头,他的两只小手不知该放哪里了,不停地说"我不会讲",一张小脸窘得通红。

我们又折回教室继续寻找新的目标,美女记者问:"你们喜欢许老师吗?""喜欢!"孩子们异口同声地说,纷纷举起了小手。"那谁能说说为什么喜欢许老师吗?"叫到几个孩子,都是说什么许老师教他们知识之类的话。"许老师教我们知识,她对我们很好!"笑眯眯的钱怡笑进入了他们的眼帘。

"告诉阿姨,你为什么喜欢许老师呢?"美女记者问。"因为许老师很漂亮,很亲切,笑起来很好看,她教我们拼音的时候,很有耐心,对我们很好!所以我喜欢她!"她边说边笑,一份从容与自信宛然呈现。

美女记者就我的出书情况又做了一番了解,然后去楼上采访分管德育的汤校长。

很快,他们又下来采访我。我事先没一点准备,想到什么就如实说什么。她问道:"你喜欢教师这一职业吗?"我笑着说:"喜欢。小时候看见一部电影,一位年轻漂亮的女教师在带着孩子们一起学习,一起唱歌,一直在我脑海里浮荡,我觉得做教师很幸福,很美丽。"她又问:"刚才你们领导说,在双休日你曾把学生带回家中辅导,作为一位年轻教师,你是如何做到这一点的?"我说:"每一个孩子对一个家庭来说,都是百分之一百,我最大的愿望就是让每一片树叶都翠绿,让每一朵花都能娇艳地开放,我内心觉得这些蔫了的花骨朵更需要阳光雨露的滋润。"没有一点装饰和修饰,我想到什么就说什么,说的全是我的心里话。

温馨提示

媒体的突然来访,对我们班主任来说,是一件猝不及防的事情,也是鲜有的事。一旦遇见,心头总会产生几丝慌乱,无论采访是出于宣传包装你的角度,或者是出于调查某件事的角度。于我们而言,心头难免会有一丝压力,毕竟,我们班主任鲜有这样出头露面的机会。

应对媒体的突然来访,首先我们要做到镇定自若,别让慌张和手足无措影响了正常的发挥。若媒体是出于宣传你优秀班主任的角度,那你平时怎么表现就怎么表现，自然就是美，没必要遮遮掩掩，或刻意追求完美。因为媒体工作人员会挑选一些好的角度来美化和包装你，你根本无须紧张。

若媒体是出于调查某件事的角度，那我们更需镇定自若，尽可能地少说一些，以免祸从口出。此外，要及时找到领导，汇报情况，让领导拿出一些计策和方法，以便从容应对媒体。

57. 功夫在平时
——应对上级领导突然检查的行为

情景再现

早晨，我到食堂就餐。刚捧着饭碗，我突然看见主管教学的钱副校长朝我走来，"许老师，今天上午有语文课吗？"她问道。

"有的，第一节和第三节都是我的语文课。"我说，同时心中纳闷：她干吗要这么问我？

"那第一节课我来听课哦！来学习学习！"她这么说道。

"听课？"我内心一惊。

临场应变

既然领导要听课，我总不能拒绝吧！再说，她想听，拒绝也拒绝不了，我何不乐意接受呢？我马上微笑着说："欢迎欢迎！欢迎听课，欢迎指导！"钱副校长堆满笑容说："我来学习！我是来学习的！"

吃过早饭，我走到办公室，打开电脑，把昨天就已经制作好的课件又重新修改了一下，细细品读了一下今天所要上的课文，再一次熟悉了一下教案，做到心中有数，胸有成竹。

每一次的新授课，我都是精心准备，精心设计教案，精心制作课件，所以，当领导突然检查时，我都从容不迫，没有一丝慌乱，平时该怎么上就怎么上。

上课了，我如平常一般，从容地讲着。因为课前准备充分，整节课非常自如，重点、难点突出。

"上得真好！"听完课，刚走到门口，钱校长很有感慨地对我说。

"谢谢！谢谢！"我连声笑着说。

"许老师，把3、13、23、33、43号的课堂作业本和作文本拿来，我再看看。"她这么说。

我马上收齐了5位同学的作业本，交给了钱副校长。平时批改作业我总是一丝不苟，认真对待每一个孩子，可以说，每一本本子都经得起推敲。所以，面对领导的突击检查，我总是那么从容。

果然，我受到了领导的表扬。

 温馨提示

教师是一份良心工作。作为一位教师，平时应该认真对待"教学五认真"，班主任工作应该扎实、认真、有序地开展。因为我们面对的是几十个家庭的殷殷期望，面对的是几十双渴望求知的眼睛，不应该有一丝的马虎和应付。

功夫在平时，平时要努力地做好自己该做的本职工作和分内事。这样，即便某一天面对上级领导的突然检查，亦能做到从容不迫，不紧不慢，而没有一丝慌乱。

第六章

应对家长的行为问题

班主任这个角色,注定要与形形色色的家长打交道。家长的文化素养、个人素质参差不齐,新时代的年轻家长对班主任的要求也颇高,敢说敢为,一不小心,班主任就会陷于被动的尴尬状态。

做班主任,要善于与各种类型的家长进行沟通,以一颗真心来对待每一位家长,要避开苛刻家长的"挫伤",不歧视暴躁家长的孩子,公平对待每一个孩子,以真心来换取真心。

58. 冷处理
——应对直率、火爆性子的家长

 **情景再现**

吃过晚饭，我刚坐到沙发上，想看看电视休息一下，突然，手机短信的声音响起。

"许老师，请问，今天发红领巾凭的是什么？是学习成绩、纪律问题还是品德问题？"天哪！怎么会有硝烟味如此浓的短信息？一看发信息之人，是班上的纯存同学的妈妈。

今天，入学一个多月的一年级组第一回发展新队员。我班有50个孩子，学校分配给我班的名额为20个，这样，势必有30个孩子暂时不能戴上红领巾。

纯存的小屁股坐不住，纪律不行，第一回考试只考了58分，拼音每天都过不了关。因此，她就被排除在第一批新队员之外。她妈妈发信息来质询我这位班主任，实在是在我的意料之外。

 **临场应变**

看来，我是遇见火爆性子的家长了。一般来说，知道自家孩子学习成绩不好，班主任又多次反馈孩子课堂纪律不好的家长，知道自家孩子第一批没戴上红领巾时，会反思自己孩子的问题，而不会气势汹汹地质询班主任。即便觉得班主任不应该不发红领巾给自己的孩子，家长一般也不会来质问。当了十多年的班主任，我第一回遇见此种情况。

我知道，短信息说不清楚，她暂时是在气头上，等她稍稍冷静一点，我再搭理她。当天晚上，我只当没有看见这一条信息。

一直到第二天上午，我没有课的时候，我才拨通孩子妈妈的电话，对她解释说，昨晚看到信息时已很晚，很抱歉直到今天才回复。主要是受名额限制，学校只给班级20个名额，我作为班主任，也没办法，势必有一大批孩子暂时不能戴上红领巾。

谁知道，她依然有点激动，在电话里说，她对学校的这种做法很不赞同，要打电话给校长，问问校长学校为什么要这么做。

她情绪激动地告诉我，孩子爸爸小时候就因为自信心被挫伤，后来才小学也没读完，还说她自己也是这样的。她觉得是否能成为少先队员主要要看孩子的品德，纯存是她从小一手带大的，孩子的品德真的很好……

我很平静地告诉孩子妈妈，你想打校长的电话，可以的，可以去反映一位妈妈的心声。学校一直这么安排，一年级的新队员只发展一小部分，也是为了调动孩子们的积极性。在我们班级，暂时戴不上红领巾的有30个孩子，不是只有你家宝贝一人，真的没什么的，学期结束时，所有孩子都将成为少先队员。

进而，我很委婉地告诉纯存妈妈，一踏入学校的门槛，孩子已独自踏入了一个小社会。这本来就是一个竞争的社会，许多事情，我们家长根本帮不了孩子的忙。理性的家长，首先要反思，孩子为什么没第一批戴上红领巾，人应该努力地去适应环境，而不是让环境来适应孩子。

在我的一番轻柔解说之下，渐渐地，她的情绪平静了下来。她告诉我，小时候她的学习成绩一直优异，但是，自己的路没走好，大专毕业后找不到好工作，只找了一所民工子弟学校代课，一个月才拿1000元的工资……

自此，我更了解这位妈妈，她把自己没有实现的愿望全都转移到了孩子身上，对孩子的要求也特别高。我对她直率、火爆的个性多了一分敬畏心理。

对她的孩子，我一如既往地关心与关注，每每遇见孩子妈妈激动的时刻,我都尽量避免与她正面交锋,等她火气一过,也就渐渐平静下来,会反思自己的不该。

两年后,我儿子出生了。她千方百计从乡下买来了一篮土鸡蛋送给我。她说,"许老师,我家纯存的进步都是你的功劳。在我最无助时,你还愿意来我家家访。当我的火爆脾气上来时,是你的冷静让我学会了反思,是你的帮助,让我们母女俩快乐着……"

 温馨提示

现在的"80后"家长,有个性的越来越多。有那么一小部分家长敢说敢做,在班主任面前从不躲躲藏藏,本色率真。更有几位火爆性子的家长,会因一点点小事,发信息或在QQ上质询班主任。

对于火爆性子、直率的家长,班主任要学会冷处理,尽量避免在他最冲动的时刻,与他正面交锋。这时候,他正处于冲动期,班主任的劝慰和解释他根本听不进去,到时,受伤的可能是我们班主任自己。

遇上这样火爆脾气的家长,若他是正面来找你,你要先避重就轻,多说些孩子的优点,尽量转移话题,切忌引起他的冲动。然后,委婉地讲道理给他听,此刻的他已比较理性,也听得进你的话,谈话效果就将好得多。

59. 引导其做学习型家长
——应对无计可施的家长

 **情景再现**

放学了,我送路队到校门口,远远就看见嘉嘉的爸爸戴着一副墨镜,帅帅地站在等候区等候。一看见我,他就礼貌地向我打招呼。我告诉他,

第六章 应对家长的行为问题 193

请他稍微等一下,今天嘉嘉因为做操时与同学踢来踢去,被留下了。

等家长把孩子接得差不多之后,嘉嘉爸爸开始与我进行交流:"许老师,嘉嘉这孩子,真搞不懂噢。他怎么会这样啊?"他摘下墨镜,皱紧眉头,一脸无奈。"许老师,不瞒你说,我都要急死了。每天晚上做作业他要磨蹭到九点钟,让他快点做,做好了去冰河广场溜冰,他就喜欢在那边磨蹭。要与同学友好相处,我每天早晨都要叮嘱他的。我和他奶奶不知想了多少办法,怎么总是不见效果……"他如倒豆子一般地向我倾诉。

 **临场应变**

看着嘉嘉爸爸的眉头紧锁,原本帅气的脸上布满沮丧和无奈,听着他的倾诉,我体会到这位爸爸在孩子教育上的无可奈何。

"嘉嘉爸爸,先别气馁,嘉嘉身上的主要问题为:一,做家庭作业磨蹭,有时不完成。二,人际交往有一点障碍。这都不是什么大问题。为什么会造成这些问题呢?我建议你好好地反思。你家的孩子的确比别的孩子更难带一些,但是,这也是在挑战你的智慧,你要与他斗智斗勇。建议你平时要加强学习,抱着研究的心态,多分析自己的孩子,好好分析造成孩子如此状况的原因,然后对症下药,那样才能有效。"我向孩子爸爸推荐《家庭教育》《好家长》等杂志,新浪网的亲子频道,"教育在线"网站的"新父母论坛"等,建议他与我班的一些优秀孩子的家长,如倪慧洁妈妈、陈思豪妈妈、张煜爸爸、周原青妈妈、胡蝶爸爸等多交流与沟通,看看他们在孩子出现问题时是如何处理的。只有加强学习,才能不断地汲取营养,与孩子一起成长。孩子爸爸不停地点头。

第二天,我从倪慧洁妈妈那里借来了《家庭教育》共10本杂志,送给嘉嘉爸爸,还指导他上"教育在线"网站的"新父母论坛",在那里读帖学习,并为自己的儿子建立成长专帖。

在嘉嘉爸爸不断的学习、反思、反省中,嘉嘉渐渐地有了明显的进步。

温馨提示

每一位父母都希望自己的孩子懂事与乖巧,不需家长、老师操心。但一个班总是有那么几个孩子令家长和老师感到无可奈何,尤其是家长。做班主任多年,常能遇见一脸无奈的家长,感慨说骂也骂了,打也打了,可孩子还是老样子。

问题孩子之所以成为问题孩子,这与孩子先天的秉性、家长的教养方式有关。问题孩子的家长对付孩子,往往只有程咬金的三斧子,想不出多少办法。所以做班主任的,要建议家长多阅读,多学习,多汲取教育孩子的营养。可推荐一些好的教育类书籍,比如李镇西的《做最好的家长》,卢勤的《好父母 好老师》,尹建莉的《好妈妈胜过好老师》,也可推荐一些教育类杂志,如《家庭教育》《好家长》等,在阅读的同时加强反思,还可推荐一些教育网络,让家长为自己的孩子写成长日记……

呼吁倡导家长做学习型的家长,与孩子一起健康快乐地成长。让这些曾经无计可施的家长能不断地提高自己的教育素养,有艺术地教育孩子,与孩子一起健康快乐地成长。

60. 签一份合同
——应对严管过头的家长

 **情景再现**

又一个周五,是我批阅孩子们的摘抄本的时间,我利用空课,一本一本细细地批阅着。

歪歪扭扭的字迹,很不整洁。唉,怎么这个时应双老这么不认真?

我再细细一读，哇塞！每一天摘录的几乎是同一内容。我要求每天摘录四个好词，两个好句。他摘录的四个好词，几乎每天都是一字打头，什么"一心一意""一马当先"等，写来写去就这么几个词。摘录的句子全都是书本上最简单的那几个句子，什么"早晨，闹钟一响，我就骨碌一下起床……"真叫绝，看得我惊讶在那里半天。

其实，这种情况并不是第一天出现，以前也曾有过，我曾批评、教育过，他怎么故技重演呢？

 **临场应变**

我去教室请来了时应双，心平气和地翻开摘抄本，耐心询问：为什么如此对待摘抄本？为什么这么懒？难道找几个好词好句都很难吗？你爸爸妈妈不是对你管得很紧吗？

因为我知道这个孩子的具体情况：他是新居民的孩子，来自安徽。孩子一年级入学前，他妈妈在校长室静坐了三天，求了三天，她那深深的母爱博得了校长的同情后，这孩子才到我班来读书。所以，孩子的爸爸妈妈特别感谢学校领导和老师，对学校工作也特别支持，在学习上对孩子管得很严，尤其是孩子的妈妈，在家中很强势，整天唠叨和责骂孩子。怎么这孩子还是老样子呢？

我细细地问时应双。

他告诉我，爸爸妈妈对他管得相当紧，从来不让他下楼去玩，他只能一个人坐在窗边做作业，觉得特无聊、特没劲，经常一个人在那里发呆，有时候很懊恼，于是，摘抄作业就乱做一通，因为这个本子家长从来不检查，只是签一个名而已。

"双双，那这样吧，我与你爸爸妈妈联系，让他们每天给你半小时的运动、玩耍时间，但你必须做到三点，你能行吗？"我与他商量着说。

"我能行的！"他的头点得如小鸡啄米。

"你先别点得太快，先听我说说是哪三点。"我对他说。

"首先,一放学就马上做作业,六点前把所有学科的笔头作业做完。第二,认真对待每一门功课,每一样作业都认真完成。第三,把字写得端端正正。"我一条一条问他,他一一点头,并向我保证,说他能做到。

我马上动手,拟定了一份合同:

合同书

甲方当事人若能做到以下三点:

1. 一放学就马上做作业,六点前把所有学科的笔头作业做完。(复习阶段除外,可适当延长时间,由乙方根据各科作业量定好时间)

2. 认真对待每一门功课,每一样作业都认真完成。

3. 第三,把字写得端端正正。

乙方负责检查,检查过关,乙方必须给甲方晚饭后至少半小时(半小时到1小时之间)的运动娱乐时间。

甲方: 乙方:

时应双一看合同书就签下了自己的名字。

我马上拨通孩子爸爸的电话,询问他平时是否不给孩子运动、玩耍时间。我每天的家庭作业就有半个小时的运动,但他爸爸妈妈从不安排他运动。他爸爸说,"许老师,我怕他下楼一运动一玩耍,整颗心都野了,收不回来了。"

"双双爸爸,孩子总归要玩的,每一个人的童年都是在玩中度过的。你想一想你如双双这么大时,若你爸爸妈妈不让你玩,你是什么心理?你们压双双压得越是紧,他就会如弹簧一般一直绷着,总有一天那弹簧会绷断的。"我在电话中与孩子爸爸说。

"双双爸爸,从今天开始,若孩子每天能做到三点,那你们一定要每天给孩子运动时间,他毕竟是一个才10岁的孩子啊。我已经给你们拟定了一份合同,一式两份,让他带回家,你和双双妈妈过目一下,并签好字,爸爸妈妈都要签,一份由我保管,一份由你们保管,希望你们能给予孩子一定的娱乐时间,行吗?"

第六章 应对家长的行为问题

"好的！谢谢许老师哦！"孩子爸爸与我说再见。

第二天，孩子把爸爸妈妈所签的一份合同带来了，我把它张贴在"队角"的下面，接受全班同学的监督。

此后，双双在学习上的态度有了明显的提升。

 温馨提示

望子成龙，望女成凤，现在，有相当一部分家长把孩子管得特别紧，盯得特别牢，不让他有一丝休息和喘气的时间，只有看见孩子趴在桌子上看书、做作业，心里才有踏实感。其实，这些家长进了一个认识误区，怕孩子运动、玩耍之后，心会野掉。

一张一弛，乃文武之道，每天给予孩子一定的运动和娱乐时间，将大大提高孩子做作业的效率和学习积极性。当然，是要孩子在高效、认真完成作业的前提下。所以，面对过分严管孩子的家长，班主任可根据孩子内心的承受能力和平时的表现，给家长和孩子拟定一份合同，让他们签好合同后，一份拿来张贴在教室，接受全班同学的监督，既约束孩子，促使他能高效地完成作业，又使得家长能放心地给予孩子一定的休息时间。从效果来看，这将是双赢的好事情，有助于缓解亲子之间的矛盾，减轻孩子的心理压力。

61. 做好三方面的工作
——应对隔代家长的介入行为

 **情景再现**

早晨，纯存的座位空荡荡的。孩子突然不来上学，也不见家长向我请假，怎么回事呢？

我纳闷着,但一直有课,无暇打电话询问。

上完第一节课,我才开机。打开手机时刚好看到有电话打进来,等我接听,电话已挂。我当时很忙,没时间关注到底是谁打来的电话。后来才知是纯存的爸爸。

一直到中午,也没见纯存来上学。我吃好中饭,发信息给孩子妈妈,询问孩子不来读书的原因。她妈妈才在电话中告诉我,昨天她因为孩子表现不好,打了几下孩子,结果纯存外公与她大吵了一架,纯存外公说:"你打自己的女儿,那我这位爸爸也来打你,我还要掐死你!"晚上一家人几乎没睡,她还说,本来她想一走了之,但想到纯存以后没人管,就留了下来。

其实,我也从孩子口中,从别的家长口中,知道了他们这个家庭战争爆发的原因。纯存妈妈是坐家女儿,爸爸是上门女婿,外公外婆疼爱孙女的心理尤甚,仗着是自己家女儿就不怎么介意自己的言行,往往会在女儿训斥孙女的时候,挺身而出,做孙女的庇护神。现在的孩子都很聪明,看看有保护伞撑腰,还会怕什么呢?所以她家纯存很难教育,有点"刀枪不入"。一般来说,批评、表扬等常规手段在她身上根本起不了什么作用。

爷爷奶奶对第三代的教育介入太多的家庭,招上门女婿的家庭,往往妈妈的威信会严重降低,很难教育好孩子。纯存就是一个非常鲜明的例子。我很理解纯存妈妈的痛苦和无奈。

 **临场应变**

"纯存妈妈,你应该让孩子来读书。你总是打她,也是不行的。若打孩子能打好的话,还要教师干什么,教育哪有这么容易啊?!你以后绝对不能再打孩子了。外公外婆介入太多,的确很难教育好孩子的。要不,你想想办法看,能否带着孩子住到另外的地方。不然,你父女俩这样斗下去,最遭殃的是你家孩子。"我在电话中安慰着孩子妈

妈。纯存妈妈也告诉我,她正在考虑租房子,和老公、孩子一起暂时搬出去。

我也在寻找机会与孩子的外公进行沟通。

某一天放学后,纯存因为作业乱做被留下来重做。

"许老师,我家纯存被留下来了,要多久才能走呢!"纯存外公站在走廊门口,用本地方言询问我。

"纯存外公,你稍微等一下,纯存这些作业全都是乱做的,我让她重新做,等她做好了,就可以回家了。"我微笑着对纯存外公说。

"唉!气死人啊!许老师,我家纯存真的不争气,想想都要气死的。有时候被她妈妈打,看看可怜兮兮的,她自己也不争气。"孩子外公皱着眉头说。

"纯存外公,孩子毕竟还小,表现不好是正常的。但是教育孩子,最好外公外婆不要介入,介入的话,孩子有保护伞了,很难教育的。我上回与纯存谈过话了,纯存告诉我,她被妈妈批评或打之后,若看见外公外婆来为她出头,她会哭闹得更厉害。"孩子外公听我这么一说,脸上的表情一惊。

这时,办公室里的同事也纷纷告诉这位外公,管孩子只能是一代人管,两代人参与,很难把孩子教育好。

我告诉纯存外公:"纯存妈妈的行为也不对,孩子不是靠打就能教育好的。我会做纯存妈妈的工作的。但您作为外公,还是少介入孙女的教育为好。毕竟纯存是您女儿的亲生孩子,她教育起来虽然有点严厉,但应该不会过分的。"

纯存外公听了我们的话后,表示以后尽量不参与孙女的教育了。

我又做起了纯存妈妈的工作,让她戒除暴力,不要因为孩子的学习成绩不理想而打孩子。

此后,孩子在学校有什么不好的表现,我尽可能地不告诉孩子妈妈,我看到孩子在写作上有一定的闪光点,就任命她为语文课代表。这大大地调动了她学习的积极性。

三年级第一学期期末考试，素来成绩中下的纯存居然一举考到了全班第二，让她妈妈激动得流下了眼泪，连声对我这位班主任表示感谢。

  温馨提示

我们浙江这边有句俗话，叫做代管代，世管世。意思是教育孩子，不要让两代人参与。的确，爷爷奶奶介入教育过多的家庭，无法教育好孩子。往往是爷爷奶奶年纪大了，对孙子孙女盲目地溺爱，导致孩子身上会有许多的不良习惯。

一般来说，在招上门女婿的家庭，外公外婆对第三代的教育介入比较多，因为他们在自己的女儿面前好说话，不像在儿媳妇面前那样说话要多加考虑。许多外公外婆只知道一味地宠孩子。

作为班主任，面对这样的少数家庭，要努力去做三方面的工作：一是做孩子家长的思想工作，劝导家长切勿简单粗暴地对待孩子；二是寻找机会，委婉地劝导外公外婆不要过多地介入孙子辈的教育，孩子的妈妈即便打孩子，也会做到心中有数；三是尽可能多鼓励孩子，多向家长报喜，少向家长告状，让孩子的一家人都能看到孩子的进步，因为孩子的进步，一家人将其乐融融，乐在其中。

62. 给一颗定心丸
——应对家长的无助行为

 **情景再现**

周六，我刚把儿子送到他奶奶家，正悠闲地在安格品牌店里闲逛。手机响，是小煜妈妈打来的电话。

小煜妈妈开口问我忙吗，说她想跟我说一件事。我告诉她，不忙，有事尽管说。她马上告诉我，她家里出事了，小煜爸爸赌博输了几十万元，把她放在保险箱里的钱都拿光了，只给她们母女俩留下7000元的生活费。孩子爸爸在外面借了许多高利贷，所以昨天她已经与小煜爸爸离婚了，说好离婚是假离婚，房子和女儿归妈妈。

我一听惊讶在那里。一直就知道小煜的爸爸夜不归宿，喜欢在外面赌博，虽然赚了不少钱，但老婆和孩子怨声载道。最近听小煜说家中请了人给她爸爸做思想工作，不是说他爸爸正在进步之中吗？怎么又……

孩子妈妈边哭边告诉我，所有男人的坏小煜爸爸都具备。她所有的小姐妹都劝她快带着女儿离开，到她娘家的农村就读，不然高利贷债主穷凶极恶，万一伤害到女儿，那简直是一件想都不敢想的事情。但是，转学去乡下，小煜妈妈怕原本内向的女儿更孤独，再说孩子从小在城市长大，她怕这突然的打击会影响孩子的身心发展，如她小姐妹所言，拍拍屁股走人，她又怕老公会从此一蹶不振，以后的人生就废了。虽说孩子爸爸待她一点儿也不好，但她依然不忍心一走了之，毕竟已做十多年夫妻了。倘若孩子妈妈出面，能贷到款补上这窟窿的话……小煜妈妈在电话那头泣不成声。

 **临场应变**

作为女人，我想，谁都不能忍受这样的变故，难得小煜妈妈对老公有这样的深情厚意。但，赌鬼能改邪归正吗？我对小煜妈妈实事求是地说，我不看好嗜赌成性的男人。

小煜妈妈哭泣着，她说，万一老公真的从此破罐子破摔，那女儿长大后某一天在某一城市的天桥上看到自己的爸爸在乞讨，那是完全有可能的。

唉，女人啊！

"许老师,我这段时间准备在外面租房子了,也不敢开车来接孩子,你能否帮我带小煜一段时间呢?放了学让她在办公室里做作业,你下班后先把孩子带到你家,我再到你家来接孩子,我怕这些高利贷债主不顾一切,伤害到孩子。"因为孩子妈妈不是桐乡本地人,她所有的亲戚朋友几乎都在我们的邻县——海盐县,她说她在本地最放心的就是我这位班主任了。

尽管做这种事情具有一定的危险性,弄不好我也会吃不了兜着走,但是,我若对孩子妈妈说我帮着带几天都不行,就实在枉费了孩子妈妈对我的一片信任之情。所以,我赶紧对她说:"没关系!我先来帮你带一段时间吧!你放心去处理你的事情吧!"小煜妈妈如吃了一颗定心丸,在电话中对我千恩万谢。

孩子妈妈最后没选择离开,而是帮老公把窟窿堵上了,所以也没麻烦我。但从那以后,她对我这位班主任更为敬重了。

 温馨提示

人有旦夕祸福,月有阴晴圆缺。也许,有的家长会突然遭遇一些家庭变故,他很无助,在信任你的基础上,或许会请你给他帮忙。一般来说,家长来请班主任帮忙,都是在迫不得已的情况之下为之。

赠人玫瑰,手有余香。班主任应该在力所能及、不违反原则的基础上,给家长吃上一颗定心丸,能帮忙就帮忙。

63. 授招
——应对陪读家长高期待下的暴力行为

 **情景再现**

"小纯,你的脸上怎么了,乌青乌青的?"某天,我在走廊上与孩子们说笑,猛地发现小纯脸蛋的右边青了一块。

"被她妈妈打的。"这时,站在一边的钱盈马上接过我的话茬,告诉我。

"不会吧?小纯,你妈妈会打你打得这样狠啊?太恐怖了!她为什么打你啊?"我情不自禁地用手轻轻地摸摸孩子的脸。

"因为我考试考得不好,字也写得乱七八糟的。"孩子低着头,几乎用耳语般的声音自卑地告诉我。

"天哪!考得不好,你妈妈就犯得着这么打你吗?许老师要好好地找你妈妈聊聊。别怕哦!许老师找你妈妈来谈谈,但是,你自己一定要争气哦!考试成绩好不好是能力问题,字写得好不好,就是态度问题了。"我对孩子说。

 **临场应变**

当着孩子的面,我摸出了手机,拨通了小纯妈妈的电话。"小纯妈妈,今天下午有事吗?若没事,请你来学校一趟,我想找你聊聊,好吗?"小纯妈妈询问是否有事,我告诉她,没事,只是很想与她聊聊。她就很快答应了。

下午,她来到了学校,办公室里谈话不太方便,我便在走廊上开始与她聊天、谈心,并劝告她不要对自己的女儿下手这么狠。

我对她说,我理解你的心情,你为了自己的孩子,辞去了民办学校代课老师的工作，专职在家带女儿（顺便也带了我班上的另外几个孩子），全副身心扑在了孩子身上，谁知道，孩子一次又一次让你失望。

小纯妈妈告诉我，她整个人快要崩溃了，全身心投入在孩子身上，看着别家的孩子一个个在她的辅导下有所进步，自己的女儿依然是如此糟糕，有一次心情黑暗得不行了，就用手在孩子脸上拧了一下，谁知道，用力过猛，留下了这么深的痕迹。她说，她也很后悔，过后，抱着孩子哭了。

我告诉她，你这样下去，不是心理不健康吗？你的心理不健康首先将影响到孩子的心理不健康。你没有工作，整天围着女儿转，你满脑子全是孩子以及她的学习，那样，你就失去了自我，当孩子表现出来的行为不符合你的心意时，你就会出现一些过激的行为，你这样打孩子，有意思吗？假如打打孩子就能把一个孩子打好，那教育实在是简单死了。

孩子妈妈在一边点头承认我所说的对，她说，她也知道，但就是控制不了自己的行为。

我给她传授了几招，给她做参考：

(1) 尽快出去找一个长日班的工作，或者扩大自己的生活圈和社交圈，除了孩子之外，还要有自己的生活。

(2) 考试成绩是否好，与遗传、智力和环境等多种因素有关，在学习上只要孩子尽力就好。绝不能因孩子成绩不好而打她。不然，你打一回孩子，我这位班主任就来打一回你。（玩笑话）

(3) 学会控制自己的脾气。当你要发脾气时，马上提醒自己三分钟之后再发，不断暗示自己，控制住，控制住。

(4) 每天给自己的孩子记五个以上的优点，一周给我批阅一次，在不断地寻找优点中发现自己孩子的长处。

(5) 记日记，每天把自己的不良情绪如实地通过写日记这个合理的手段及时地发泄。

渐渐地，小纯妈妈虽没出去找工作，依然在做陪读家长，但其交际圈开始广了，与班上的几位家长经常联系，暴打孩子的现象也不再出现了。孩子的笑容开始挂在了脸上。

到三年级的第二学期，资质平庸的小纯，因为自身的不断努力、妈妈的不断鼓励、班主任的正确引导，在期末大考中，一举跳到了班级第二的宝座，成为了我班的一大传奇。

 **温馨提示**

我向来不赞同学生妈妈做全职太太，做陪读妈妈。一位不出去工作的妈妈，会全身心地投入到孩子的身上，那这位妈妈将没有属于自己的真正的喜怒哀乐。一切以孩子为中心，孩子成绩好了，她就开心了，孩子成绩不好了，她就觉得是世界末日了。这很容易导致陪读妈妈的心理不健康，有的时候，在其身上，一些过激的行为自然而然就出现了。

作为班主任，当看到班上有类似的情况时，要及时与陪读妈妈进行沟通，并指点她，给她出几招切实可行的招数，让她尽力改掉自己高期待心情下的一些对孩子的不合理的做法。同时，尽力劝导陪读妈妈，要有自己的生活圈，要有自己的业余爱好，要学会把生活重心进行转移。一位身心健康的妈妈才能带出一个身心健康的孩子，让孩子健康茁壮地成长。

64. 学会向家长报喜
——应对家长对孩子漠不关心的行为

 **情景再现**

新接手的四年级班，班上的春峰是一个具有攻击性行为的孩子，家校联系本上从不见其家长签名，作业也不做好……与其家长联系，打电话，他爸爸连老师也不叫，只在电话里应和几声。

我上门去家访，孩子妈妈在家，她告诉我，这孩子自从上幼儿园开始，家长几乎每天都能接到老师的投诉，家长打也打了，可是，没一点用处。这孩子自小开始，力气就特别大。

唉，总而言之，爸爸妈妈对自家孩子看不到一点希望，只能放任自然。

 **临场应变**

听了孩子妈妈的话，我触动很深。每一个问题生背后，听听家长的倾诉，几乎都是无奈和沮丧。哪一位父母不希望自己的孩子好呢？

面对这孩子，面对家长那漠不关心背后的无奈，我要做的，就是单打独斗，想办法让孩子取得进步，以此来唤醒爸爸妈妈对孩子的那一份希望。

听完孩子妈妈的介绍，我只字不提孩子在校的不良表现，专挑孩子的优点告诉家长：你家峰峰很乐于助人；你家峰峰劳动很积极；你家峰峰写的字很漂亮……我告诉孩子妈妈，今天我来家访，是来向你报喜的，不是来向你投诉的。我告诉她，每一个孩子身上都是有长处和优点的，包括你家的峰峰，以后你不要老是盯着孩子的不足，要学会

第六章 应对家长的行为问题

多鼓励他。

孩子妈妈第一回听到老师表扬她的儿子，眼睛为之一亮，脸笑得如山茶花一般灿烂。

家访回来后，我对孩子尽可能多鼓励。每当孩子有进步时，我就给他的家长发手机信息喜报："春峰家长，您家孩子真爱劳动！特此向您报喜！""春峰家长，您家孩子本单元语文考试有了明显的进步，向您表示祝贺！"……

一开始，我发的信息喜报就如肉包子打狗——有去无回，从来不见他的家长回复信息。

我并不气馁。当看到孩子有小小的进步时，我还向家长发纸张喜报。

学期结束时，我在班上评选了二十位好家长。我特意把春峰家长也评选在里面。有时想想做老师真窝囊，明明家长没有监督孩子写家庭作业，明明家长会都没有来开，居然还要为他发上"好家长证书"啊。转念一想，我就暂时把这荣誉证书先发了再说，死马当做活马医，比不医总要好。

坚冰遇见骄阳，总有一天会融化。渐渐地，孩子每天的家校联系本上，开始零星地看到家长的签名了，孩子家庭作业的质量有了明显的提升。

有一天早上，我端坐在办公室，批阅家校联系本，一声报告后，春峰进来了，递给我一封信，打开来看，是他爸爸写的。

警（敬）爱的许老师：

您好！

首先，作为春峰的家长，在此对您说一声，老师您辛苦了。

春峰这孩子的确与别的孩子不同，总是有点自己管不住自己，在家里也一样，总爱和别人吵架。今天我们教训了他，明天又忘记了。家庭作业我平常也给他检查的，但有时他却说没有家庭作业。春峰这孩子，让许老师花费了这么多的精力和心血，我们家长真的很感动，也非常感谢。是许老师您，让我们看到了希望和前进的动力。作为家长，我们从今以后一定努力管教这孩子，希望他成为一个优秀的学生。

今后，我们会和孩子多沟通，多了解一些他在学校里的事，也会给他买一些课外书。

最后，我们还是要说一声，孩子的成长离不开父母，学生的教育离不开你们老师。在此十分感谢许老师！

遇见一位好老师真的是孩子一生的一笔财富。再次谢谢您！

祝：

健康快乐！

春峰家长：杨月松
2006年3月1日

瞧着上面用铅笔书写的潇洒的字迹，我反复地阅读了三遍。人心都是肉长的，我对孩子无怨无悔的付出，我给家长送上的荣誉证书，终究是在家长的心田播下了一颗感动的种子。春峰告诉我说，爸爸妈妈看到我从来没放弃过他们的孩子，很感动，昨天还询问了孩子学校里的许多事，与孩子聊了好久。他还乐滋滋地告诉我，从上个月开始，爸爸妈妈约定，一人一天轮流管孩子，轮到的那一天，就不许出去，就陪着孩子做作业。他对我说，昨天有一位叔叔打电话约他爸爸打牌，爸爸告诉他，要在家管儿子。叔叔说，儿子有什么好管的，让他自己做作业就可以了。爸爸对叔叔说，他要给儿子报听写。春峰笑得合不拢嘴。

 温馨提示

每一位家长在孩子读书的初期，都对孩子充满无限的希望，但随着孩子年级的升高，随着孩子学业的止步不前，特别如春峰一样的从幼儿园开始就老听老师投诉的"问题孩子"的家长，确实，很容易让家长感觉看不到希望，于是，自然而然家长会滋生漠不关心、顺其自然的行为，甚至他们会产生怕见老师、怕来学校的心态。

作为班主任，面对对孩子的学业漠不关心的家长，要学会单打独斗，首先要在心中放弃指望家长的心态，要先凭借自己的力量，采取鼓励、谈心等多种形式，想尽一切办法，让孩子取得进步。当孩子一点一滴地进步后，要学会向家长报喜——发"校讯通"喜报，发纸张喜报，发"好家长证书"，邀请孩子在家长会上作为进步生发言等，让家长感觉到孩子的班主任从没有放弃过自己的孩子，唤醒家长前进的希望。进而，家长对孩子会从漠不关心转化为关注和关心，这样，家校配合，家校联动后，孩子会步上快速成长的快车道。

65. 还自己一个公正
——应对家长"暗箭伤人"的行为

 情景再现

某日中午，我正在洗碗。一同事对我说，Y（我上学年教的孩子，后来退学在家一学期，又重新复读一年级）的爸爸打电话给现任班主任，说我去年教他孩子的时候，说他的孩子智商有问题，他讨厌我这位班主任，所以就让孩子休学了。他带着孩子去了杭州、上海等地的大医院检查，医生说，Y的智商没一点点问题。

我一听，惊在那里半天说不出话。我万没料到，居然会有家长如此的"暗箭伤人"。

说起这件事，还得细细道来。去年我教一年级，担任101班的班主任。班上有一个孩子Y，从第一单元测试的17分到23分到后来的8分甚至0分，这是我工作十多年以来从没遇见过的情况。一则因为新课程的教材内容太难，每天要学习的东西太多，二则，不得不提到孩子自身的问题，起点低，接受能力超级差。反正，数学老师在这孩子第一天来上学时，就发现他的严重情况了，让他自我介绍一下，教了三遍，还没学会。其他任课老师也是一到我班上课，就感觉到这孩子与众不同。

一开始，我也努力想让孩子不掉队，每天放了学，把他留下来，留到很晚，怎么教也教不会，第二天早晨让他读拼音，他一点都不会。有一天早上，他因害怕放了学要留，哭闹着不肯来上学。拼音，真是没办法让他学会。

后来，学认字了，每天根本没办法让Y认识几个字。再加上，我班共有十多个接受能力差的孩子，需要我的呵护和照顾。第一单元考试，我班连同Y共有11个孩子不及格。

这些孩子在家长的配合下，在我呕心沥血的教导下，渐渐入门，开始掌握知识了，学习成绩一点点好起来了。可是，我一遍一遍地教Y，他依然没什么进展。虽然我诸多荣誉集于一身，但我只是一位普通的肉身做的班主任。我想，作为班主任，我首先是50个孩子的老师，而不是Y一个人的老师。面对全班这么多孩子，我真的不可能再有那么多精力放在需要特别教育的Y身上。再说，我总不能不睡觉、不吃饭，把这个孩子每天带回家去教吧。教书这么多年了，孩子如此学不进知识的现象，我的确是第一回遇见。

我联系孩子的爸爸妈妈，告诉他们，世上只有爸爸妈妈才可能对孩子无怨无悔地全力投入。我很真诚地给他爸爸妈妈写了一封信，希望家长能带孩子去医院看一看，倾听一下专家的建议。

但是，可以这么说，我依然没放弃这个孩子。跳绳比赛时，我每天坚持放学后留下孩子跳绳。要知道，单就让他学会跳绳，不知道要我付出多少心血！个中滋味也只有亲身经历的人才能体会。

突然有一天，家长告诉我，想让孩子休学，请我联系校长。我把这个情况汇报给校长。校长说要看看这孩子，于是，她与孩子妈妈交谈了近一个小时，建议要慎重考虑，不然，孩子一学期在家，将会增加家长的负担。

反正，期末考试时，家长没打任何招呼，径自不让孩子来考试。后来，第二个学期，我联系过几回家长，说孩子在一位退休老师家里单独学习。

整个过程，我自认为是在用一颗真心对待孩子的家长，同时也为家长感到幸运，能不能学进知识是次要的，孩子生活能力正常，比比许多身体不健全的孩子，那该多幸运。

临场应变

天哪！怎有如此"暗箭伤人"的家长？想给自己的孩子找一个休学借口，也不能借助于诽谤老师啊？孩子智商有没有问题，接下来的学习自会证明。想呵护自己的孩子，能借助这样的方式吗？难道，这么诋毁我一下，孩子就能读好书了吗？

我自认教这孩子一年，没说过任何一句这孩子智商有问题之类的话，但是，孩子与众不同，他的成绩差摆在面前，是回避不了的现实。我为之付出了不少心血，没功劳，也不想有苦劳。但，家长如此诋毁，算什么意思？

幸亏，我手机里还存着孩子爸爸的手机号码。我拨通了号码，简短地聊天，谈及孩子近况，我切入了正题——教孩子半年，对他，对他父母，一直真心诚意，家长为何在现任老师面前如此诋毁我？

孩子爸爸在第一时间向我道歉！说，对于我，一直心存感谢！说，孩子后来考试考个位数，作为家长，总有一种担忧，害怕孩子被老师、同学看不起，所以不顾一切地让孩子休学了。他想表达的意思，可能别人理解下来就不一样了……

我理解爸爸妈妈爱孩子的心，怕自己孩子受到伤害，怕自己孩子被现任班主任讨厌。我在电话中对孩子爸爸很客气地说，我非常理解做父母的一颗心，但是敬请以后与别人交流时，能站在客观事实的立场上，能站在公平的立场上，替我也想一想。

孩子爸爸在挂电话之前再次向我道歉！我真的没想到，一腔真心实意换来的却是背后的一刀。

 **温馨提示**

从事教育的每一天都如履薄冰。有的家长，你作为班主任真心实意地对待他，对待他的孩子，可能并不一定会给你带来好运，相反，有的家长为了自己孩子的利益，还可能会在你的背后捅你一刀。

面对如此暗箭伤你的家长，作为班主任，你要先扪心自问，若真的觉得自己对他的孩子是问心无愧的，那就不要胆怯，可以很礼貌地打个电话沟通或找个时间约这位家长谈谈，很委婉地告诉他，你已经听到他的"诋毁"。静下心，先听听他的解释，再心平气和地告诉他，你非常理解他的做法，但是，要请以后说话站在公平的立场上。让这位家长意识到，不是所有的"箭"都可以随便乱放的。

66. 变着法子送回去
——应对家长的送礼行为

 **情景再现**

快到圣诞节了。

某一天早晨八点左右，手机震动，收到峰峰妈妈的一则信息："许老师，我家峰峰有没有送你小礼盒？快到圣诞节了，峰峰准备了一点小礼物，请您收下，我怕孩子遗忘了。"

原来是送来的圣诞节小礼物。这孩子还没对我说起过，虽然这早读课是我上。"非常感谢！你不要这么客气哦！"我赶紧回复。

第一节，我去上语文课。课结束后，峰峰递给我一个礼盒，"许老师，祝你圣诞快乐！"

"谢谢你！峰峰！也祝你圣诞快乐！"我赶紧对他说。

我拿过礼盒，回到办公室拆开一看，是一个精致的红苹果笔筒，估计价钱在20元左右。再仔细一看，里面有一个小信封，打开一看，居然是600元代价券。

天哪！小小的笔筒我能收下，但是，这600元代价券，我怎么可以收呢？即便，在我的教育下，峰峰有了非常明显的进步；即便，峰峰妈妈辅导的几个孩子都是我推荐的我班的几个孩子，可是，她付出了辛勤的汗水，也不用向我致谢。

 **临场应变**

"峰峰妈妈，真的非常感谢你送来的红苹果笔筒，我很喜欢。这600元代价券我绝对不能收，你的心意，我已经领了。"我再一次给峰峰妈妈发信息。

"许老师，这是应该的。谢谢你，让我家峰峰进步这么快！也谢谢你信任我，介绍学生让我辅导。你一定要收下，不收下的话，我会不开心的！"峰峰妈妈回我信息。

"那是你辛勤劳动的果实。我真的不能收！"我回复信息。

"许老师，你若不收下，那我叫峰峰天天拿来送你！你不收，我会很不开心的！"那边的态度如石头一般坚硬。

"那谢谢哦！我就暂时收下吧！"我这么回复。

峰峰妈妈又发了两条信息，意思是要求我一定收下，不准回敬东西之类的话语。

我先搁下这件事，全力以赴引导孩子们复习。但，我闲下来时常常在思考，该还什么东西才能把这600元正好还回去呢？

某次，我去逛商场，正好玉器打折。我看见一个手镯正好600元，很精致大方。买来送去，礼盒又小，看上去也舒服，那不是正好吗？我赶紧买下。

学期最后一天，结业典礼。

我把放手镯的小礼盒装在一个信封里，还放了一袋山核桃，放在纸袋里，一看见峰峰，我就对他说："峰峰，谢谢你送我的红苹果笔筒，这山核桃是给你吃的，还有一个小礼物是给你妈妈的，谢谢哦！"

孩子回家后，我看见峰峰妈妈接连打给我两个电话，我没接。后来，我又收到峰峰妈妈的一则信息："许老师，您这样，我太不好意思了，那手镯很贵的，我怎么可以收下呢？"

我回复了一则信息："峰峰妈妈，真的谢谢你！手镯不贵的。你拿着吧！"

把这600元变着法子还了回去，我的一颗心终于安定了。

 温馨提示

做班主任，时常会收到一些能表达家长、孩子心意的礼物。有的是家长心甘情愿地送来的，确实是想表达他对你的那一份感谢之情；有的送来了礼物，可能是想巴结班主任，希望班主任能给他的孩子多一些关照；更多的家长送来礼物，是心不甘情不愿，只是出于无奈，看到教师节其他的家长都送了礼物，怕班主任看不起自己的孩子，也只好花点钱，送点礼物给你。

作为一位班主任，面对家长的送礼，要有一个原则：只收一些价格便宜的，代表家长、孩子心意的小礼物（即便收到较便宜的礼物，班主任也要回送孩子礼物，回送的礼物可以是学习用品、课外书等），不收价值不菲的礼物，不收代价券。若当场退还不掉，也要想办法把礼物送还回去。要让家长意识到，这位班主任并不是一个贪得无厌的人，以免给家长留下一个很贪的坏印象。

俗话说得好，拿别人的手短，吃别人的嘴软。若班主任在送礼这件事上不坚持原则，那以后处理起班级事情（包括评优、评星级少年等）来很难做到公正、公平与公开，班主任的威信将在孩子、家长那里大大降低。

67. 礼貌地回敬
——应对家长不尊重班主任的行为

 **情景再现**

萧萧这个男生老实本分，爱学习，劳动积极，一年级入学才一个月，就被我任命为我班卫生委员。每天放学后，他和另外三位同学要进行简单的打扫卫生工作。

有一回，萧萧感冒了，有点发烧，吊了点滴。第二天放学时，当时我忙着送路队，一时疏忽，忘记交代萧萧今天不要搞卫生了。这孩子很本分，老老实实地在教室里搞卫生。

萧萧爷爷等候在校门口，看到我班的路队出来了，但是找不到孙子。他问："我家萧萧呢？怎么不见他出来？是不是还在教室搞卫生？"容不得我解释，他立刻板着脸训斥我说："我看你这位老师啊，有点问题。孩子生病了，还让他打扫卫生。上回就说了，孩子还小，搞不清楚。"

他的话犹如一声惊雷，我愣在那里！哎呀！老天！教书18年，我还从没遭遇过被家长训斥的事情。

我想起了半个月前的一个情景：新接一年级，才刚过半个月，突然某天，萧萧跑来对我说，他的十元钱不见了。他告诉我时，已是第二天。一旦失窃到了第二天，而且一点线索也没有，班主任就没办法把钱找回来了。我只能叮嘱萧萧下回把钱放好一点，一旦发现钱不见了，要第一时间汇报老师。

第二天，孩子来交钱。我问他："钱找到了吗？"不知是孩子不理解我的意思，还是胆子小，他朝我点了点头。

后来，来接他的爷爷对我说："孩子的钱被人偷了。"我觉得很奇怪，不是孩子已交了钱吗，怎么又说被偷了呢？我告诉他爷爷："可能孩子记错了吧？他不是已经交了钱吗？孩子还小，是搞不清楚的。"当时萧萧爷爷也没告诉我，这钱是重新交来的，故我也没在意这句话。

 **临场应变**

校门口有这么多双家长的眼睛在盯着我看。我的脸一下子飞上了两朵红云，但我马上镇定下来，一字一顿地微笑着用桐乡的方言回敬："萧萧爷爷，老师也是人，因为忙，所以我忘记提醒萧萧不用搞卫生了。你看我这位老师有问题，我看你这位爷爷啊，也很少见。教了18年书，我第一回遇到在校门口批评老师的爷爷。对老师有意见，到办公室或教室找我说就好了。"

我撂下这话，转身离开校门口，径直走进教室，把萧萧叫了出来，让他不要再扫地，马上背好书包回家。

当时，我越想越委屈，觉得有必要与萧萧爸爸说清楚，免得引起误解。我马上拨通萧萧爸爸的电话，把事情的来龙去脉与萧萧爸爸说清楚了。孩子爸爸在电话中向我解释，孩子爷爷是一个脾气暴躁的人，让我别搭理他。

之后，再见到这位爷爷，我学会了退避三舍。

一年后的某一天，我送路队出来，看见这孩子的爷爷已在等候了。他看见我，主动热情打招呼："许老师！"我朝爷爷甜甜地一笑。

这一年，我从没因孩子爷爷的态度而改变对孩子的想法，我的真诚换来了爷爷对我的认可与尊重。

 温馨提示

不知是谁说过，现在的老师成了一个弱势群体，上面压着，领导管着，学生抗着，家长顶着。的确，做老师难，做班主任更难，许多时候，你真心诚意地对待孩子和家长，也为之付出了许多心血，可依然会有委屈、流泪、黯然神伤。一个班几十个孩子,学习、生活方方面面你都必须管,一不小心,哪里有了疏漏,自己还没意识到,家长的训斥说不定就来了。

教育想要让所有家长满意,不是老师尽自己的能力就可以达到的。但凡遇见家长(包括孩子的爷爷奶奶)不尊重班主任的行为,班主任不要忍气吞声,放任家长的不尊重行为,要学会礼貌地微笑着回敬他几句,并从此学会对这位家长退避三舍,尽可能少与他接触,把他对自己的伤害尽可能降到最低。

当然,还有一个前提,孩子是孩子,家长是家长,绝不要因家长的态度而影响对孩子的看法。这是一位优秀班主任该有的气度和胸襟。

68. 心底无私天地宽
——应对家长不理解班主任的行为

 **情景再现**

那天,新华书店来我们学校搞促销活动。喜爱看书的伟佳拿了50元去买书,因拥挤,新华书店的工作人员把本该找给她的10元钱找给了另外一个孩子。当时,这孩子也没告诉我,我根本就不知道这件事情。

放学后,伟佳告诉了她爸爸。她爸爸马上就给我打来了电话,并在电话里激动万分地质问:"许老师,如果以后要买什么书,就通知我们家长,让我们自己去买好了。"他甚至没与我说一句再见,啪的一声,就匆匆把电话挂了,容不得我半句解释。

说实话,当时我心里的确有点愤怒,这位爸爸平时从没来电询问过孩子的学习情况,而今天为了区区10元钱就来兴师问罪了。当时,我还一再劝导伟佳别买书了,可她偏偏不听。她爸爸竟莫名其妙地责怪起我来了……再说,这新华书店来学校卖书,只是为了方便孩子购买,想不想购买，完全凭家长和孩子的个人意愿，与我们班主任又有什么关系呢？我因孩子爸爸在这件事上对我的不理解而郁闷。

 **临场应变**

　　然而，我并没因家长的蛮横不讲理而迁怒于伟佳。对于伟佳，我一如既往地喜欢着。

　　第二天，我把这件事在班上简单地讲述了一下，并教导全班孩子，以后遇到此等情况该怎么自我保护。我让孩子们讨论：遇到此等情况怎么办？孩子们纷纷说：倘若当时伟佳胆大一点，大声喊"你找错了！没有找给我！"，或者及时找老师汇报，或者马上告诉同学，那后面所有的情况都可避免。21世纪，我们要培养的是能适应各种情况的人才，而非灌注知识的工具。我们既要教导孩子学会做人，更要教导孩子学会生存。

　　一周后，第三批"好家长"的名单开始发送，按照伟佳平时的学习成绩、行为习惯和家长签名，该轮到她的家长了，可是，孩子爸爸却对我如此态度，那凶横的电话声音一直在我的耳边回荡。

　　评？不评？我思忖着：发他"好家长"证书，我实在咽不下这一口被训斥的气，不发，这是最后一批了，若不给伟佳，那不是给孩子的心理蒙上了阴影吗？倘若因此在她心里播下一颗仇恨的种子，那怎么来让孩子体会人间的善良与美好呢？

　　我最终"忍辱负重"地决定——给伟佳的家长发"好家长"证书。

伟佳家长：

　　恭喜您！

　　您的孩子热爱读书，学习习惯良好，热爱劳动，家庭作业能及时认真完成。孩子所取得的一切成绩，离不开您的辛勤教育。

　　所以，您被评为：

　　　　　　　　　　好家长

感谢您的配合!希望孩子在您的教导下,各方面能更上一层楼。

班主任:许丹红
2005 年 11 月 18 日

当孩子笑眯眯地拿着奖状,接受同学们的掌声时,此刻,我的耳边再一次响起了家长在电话中粗暴、激动的声音。"不,我是人类灵魂的工程师!我要让孩子真切地感受到世间的美丽!"我这样暗暗地对自己说。瞬间,那所有的不快随着孩子的笑脸而湮灭。

第二天,孩子乐滋滋地说:"许老师,我爸爸妈妈拿到这一张奖状特别高兴!"孩子快乐的情绪感染了我。

两个月后的一天早晨,我正在卫生间洗漱,"丁零零……"一阵清脆的电话铃声响起。"噢,找许老师,你等一下。"传来老公的声音。

我连忙冲进房间,"喂,你好!"我握起话筒说。

"许老师,你好!我是小佳的爸爸。"那边传来一个男子浑厚、柔和的声音。

"哦,钟伟佳爸爸,你好!"

"许老师,我家伟佳从今天早上五点到现在一直在流鼻血,她今天能不能不扫地了呀?"那边的声音依然那么柔和。

"可以呀!我昨天叫了几个同学扫,好像没叫伟佳啊!这几天复习,孩子可能是太累了……"

"许老师,再见!谢谢你!"挂了电话,那亲切、柔和的男声依然在我耳边回荡。

那是伟佳的爸爸吗?他的态度竟能如此的温和吗?同一个人,同样的电话,两个月前,态度迥异。

尽管我无法猜测家长心里所想,但这一回从家长那温和的语调中,我读到了礼仪,读到了尊敬,读到了感激。

温馨提示

　　其实，大部分家长都是善良的，他们都能理解班主任工作的繁忙与辛苦，常会感慨，在家带一个孩子都很不容易，带几十个孩子的班主任就真的太不容易了。也有个别家长，平素少与班主任搭讪，也不主动询问孩子的学习情况，一旦有了一点点小事，就会来电气势汹汹地质问。

　　遇上这样的事情，遇见这样无礼的家长，班主任要有宽阔的胸襟，心底无私天地宽，绝不能因此而看不起他的孩子，孩子该得什么荣誉依然要给孩子什么荣誉，家长若有做得好的地方，依然要给予表扬。只当做什么事情也没发生过，等家长火气一过，看到你班主任并没有因为他的行为出格而看不起他的孩子，他会因此感到愧疚，你就会赢得他对你的尊敬和热爱。

第七章

应对与同事有关的问题

　　班主任处于三个维度——孩子、家长和同事——的中间。每天与朝夕相处的同事，岁岁年年抬头不见低头见的伙伴，发生着千丝万缕的联系。

　　当看到同事之间在闹矛盾的时候，你作为他们的同事，不要冷漠地做旁观者，更不要心存私念，帮助要好的这一边去中伤另一边。一个和谐温馨的环境，有利于班主任工作效率的提高和身心的健康发展。

69. 抱一颗感恩的心
——应对同事在背后非议的行为

 **情景再现**

2008年，我的第一部著作《班主任教育漫谈》问世。经过教育局的明察暗访，与我会面交流，我的育人事迹被教育局所认可。受教育局青睐，我竟获得"第二十一届浙江省春蚕奖"这一大奖。对于一位普通的年轻班主任来说，这实在是一个原本想都不敢想的奖项。

同时，这一年我也幸运地评上了中学高级教师的职称。

突然之间，我成了我们当地教育界的名人，鲜花、掌声都向我奔涌而来。冰心说，成功的花，人们只惊美于现时的美丽，而不知当初的芽儿洒遍牺牲的血雨，浸透了奋斗的泪泉。我的同事们只觉得所有的幸运之事全被我碰上了，他们全然不知道，所有的鲜花是我用了五年的心血和汗水浇灌而成的。

在我校，各种风言风语云生四起。

某日，一老师好意地对我说，"丹红，有人在背后说你说得太难听了，她们怎么这么说话啊？"

我笑着戏谑："木秀于林，风必摧之。这没什么的。若我看见一位原本与我同起同坐的同事突然高了一截，说不定我也会在背后说几句的。"同事夸我说："有你这个心态就可以了。"

一天，校长把我请进办公室，与我聊天。她告诉我，她听到了许多背后议论我的话，也看到了现在的民意测验我得的票数很少，真的很少。她说，她刚来那一年，我得的票数还是挺多的。她说，她不排除妒忌心等因素……

 临场应变

我朝校长笑笑,对她说:"谢谢您,校长!主要是我还不够优秀,还没做到让别人彻底心服口服,我一定会继续努力的!"

我丝毫没有理会同事在背后的中伤,依然快乐地、努力地工作着。同时,我更感谢所有曾对我非议、怀疑的同事,让我有勇气、有力量努力地前进,让自己不断地朝着更优秀的目标前进。

随着我不断受邀去全国各地讲学,随着我对教育工作的投入和各方面成绩的突出,随着我凭借自己的实力通过层层选拔成为嘉兴小学教育界唯一一位德育名师,随着时间的渐渐流逝,各种非议、怀疑也随之自然而然地消失了。同时,我的工作状态迈上了一个新的台阶,我的心理抗压能力更强了,我的心态也更为豁达了。

我快乐地工作着……

一路前行中,感谢一直关心我帮助我指点我的师长朋友,也感谢这些在背后非议我的"敌人",是你们让我前进的脚步更为扎实和勇猛。

感恩的心,感谢有你!

 温馨提示

一个人在前进的过程中,特别是当你快速成长,从地底下突然冒出来的时候,总会遭遇各种各样的怀疑、猜测与非议。因为没有人看到你蛰伏时的痛苦与辛劳,只会看到你眼前的鲜花和荣誉。

试问,哪一位优秀的人物没有遭遇这样的经历呢?张万祥老师说,当初他的同事当面说他只会写写文章,曾经让他一度不振。陶继新老师说,他有位同事因为嫉妒他居然给上级写检举信……

当面临非议、怀疑的时候,我们所要做到的就是抱着一颗感恩的心,豁达地感谢他们,坚定自己的步伐,让自己走得更为从容与快乐。化中

伤、非议为前进的力量,坦然地走自己的路,让别人去说吧。

当你站在高高的山顶上的时候,当别人仰望你的时候,曾经的非议、怀疑早已不攻自破,随风而逝,你所看到的风景已经是最美丽的了。

70. 有效地协调
——应对同事之间闹矛盾的行为

 **情景再现**

午休时,我正低着头坐在办公桌前批作业。没多久,看见同办公室的沈老师气冲冲地进来了,整张脸通红通红的,嘴里嘟哝着:"就你的英语要考啊,我的数学不用考了!"

我纳闷:到底何事导致了向来和善的沈老师发怒呢?

这时,又走进来了英语老师陈老师,这个美丽的姑娘什么都好,就是心直口快,想到什么就说什么。她在办公室门口一阵嘟囔:"什么啊!调一节课也不愿意,不愿意就不愿意,有什么稀奇!"她一甩下这话,就撅着嘴巴噌噌噌地走了,只留下一阵噼噼啪啪的高跟鞋声音。

这时,我才明白:复习阶段,这数学老师与英语老师因为争上一节课而闹情绪呢。

沈老师的脸一阵红一阵白。"教了几十年书,没遇见过这样的同事!发什么神经啊!"她越说越气,用手中喝茶的杯子狠狠地敲了两下桌子,啪!啪!把我们在办公室里的老师吓得一愣一愣的,大气也不敢出。她余怒未消,把桌子上的一堆考卷一股脑儿摔到地上。

 **临场应变**

我心想：这两位老师都年纪不小了，怎么会如此沉不住气呢？为了争一点时间，犯得着这样吗？

办公室里的施老师、王老师纷纷劝慰道："算了！算了！没意思的！"沈老师一句话不吭，铁青着脸，坐在座位上。

我看着一地凌乱的考卷，想想作为一位同事，该给她一个台阶下吧：我连忙俯身帮沈老师捡考卷，把它们放在桌子上。王老师看见我在捡，也赶紧过来帮忙。

"哎呀！沈老师，不要生气了！生气对身体不好！"我帮她整理好考卷，笑着对她说，"若校长看见你们两个这样，要高兴死了。你们两个都是敬业的好同志哦！"我戏谑着。听我这么一说，沈老师有点不好意思了，朝我微微一笑。她的笑容一出现，办公室里的紧张气氛马上缓解了许多。

我与陈老师本来就是好朋友，后来看见她，她主动与我谈起这件事。"哎呀！大小姐，算了！你犯得着吗？一节课又怎么了？你们两个都是傻瓜！在学校不要搞得太累，否则回家你就没有精力管儿子了！"听我这么一说，陈老师扑哧一下笑出声来了，"是呀！我们两个都是神经病！"她自嘲。

没多久，这两位曾大闹矛盾的老师就开始说话了。呵呵，真有趣。

 温馨提示

学校是个大家庭。老师们都很尽职，希望自己所带的学科孩子们能尽可能学得好一些。这样，有的时候会出现一些同事之间的纷争，这些纷争绝大多数是因为一些工作上的琐事引起的，当然也有可能是因为一些玩笑话。

当看到同事之间在闹矛盾的时候,你作为他们的同事,不要冷漠地做旁观者,更不要心存私念,帮助要好的这一边去中伤另一边。一个和谐温馨的环境,有利于班主任工作效率的提高和身心的健康发展。

你要当润滑剂,要当和事佬,对闹矛盾的双方进行调解,尽可能为他们多说说好话,让他们早日和好如初,这样,你工作的环境也会更舒畅一些。

71. 多些赞美
——应对上级考核组来校考核同事的行为

 **情景再现**

"许老师,你等一下第二节有课吗?王老师职称考核组要进行民意调查,你去说一下好吗?"我刚上完早读课回办公室,就接到钱校长的电话。

"好的!知道了!"我笑着对钱校长说。

上完第一节课,我准时来到三楼的会议室,看见教研室的陈主任、两所小学的两个副校长端坐在那里,朝我微笑。与他们寒暄几句后,我们开始切入正题。

陈主任边记录边询问我有关王老师的情况。

当向我问起王老师的教育教学工作的时候,我在尊重事实的基础上,尽可能地多说一些赞美的话。

突然之间,陈主任问了一个比较犀利的问题:"听说王老师的人际关系不和谐,有一回在运动会上与人吵架,是有这么一回事吗?"

 **临场应变**

我内心一惊，哇塞！怎么现在的调查变得如此犀利？他们真够神通广大的，连几年前的芝麻小事也知道，还要来盘问与调查。我怎么回答才能够让王老师在评职称上不受影响呢？我脑子里快速地思考着。

"是有这么一回事情，王老师作为班主任，与运动会的田径裁判长发生了一点矛盾也是正常的，王老师主要是从维护班上的学生利益出发的，田径裁判长是从维护运动会秩序出发的，所以他们两个都没有错。"我如此措辞，"她与其他的同事都相处得很好啊！就因为这么一点工作上的小事与裁判长发生了一点小摩擦，没过多久他们就和好了。我们都已经快忘记这件事情了。"我很轻松地对陈主任说，陈主任不断地点着头。

"听说王老师在带家教，你听说过吗？"陈主任继续发问。

哇！我惊得一愣一愣的，怎么今天的气氛如此不对，问的全都是敏感话题？要知道带家教这可是雷区，教育局三令五申禁止在职教师做家教，若反映王老师做家教，那她本次的职称晋升肯定是没有一点希望了，而且教育局下令，一经查实老师做有偿家教，三年之内不能评优晋升。别说我不知道王老师是否在做家教，即便曾经听别人说起过此类事情，我也绝对不能在这样的场合说这样的话。

"做家教？我与她同办公室快三年了，没有听说过，也没发觉。我班原来有一个学生，是她的干女儿，因为成绩不太好，她曾经带干女儿到她家辅导了两个月，这事情倒是有的。"我这样说。

"给亲戚辅导功课，这倒是正常的，也是人之常情。"陈主任说。

"在年轻教师中，王老师很优秀，人很好，说话有点心直口快，可能无意中引起了某些人的嫉妒吧。她这人真的很实在，很优秀，是我们学校的骨干力量。"末了，我这样对考核组的人员说。

后来，我才知道有一位同事在考核组专家面前说了许多不该说的话，导致了考核组专家找了许多老师来核实。所幸，经多方调查，所说乃子虚乌有，这一年，王老师得到了正常的职称晋升。

我由衷地为她高兴！

 温馨提示

身处一个单位，与同事们和谐相处，将令自己身心愉悦。因为职称评定，我们时常会遇见上级各类考核组来学校考核某同事并进行民意调查，当领导命令你去与考核组交流的时候，你要立场坚定，把握一条原则：能多一些赞美就尽可能地多一些赞美！坚决不说不利于同事的话语，即便你与所调查的同事只是泛泛之交，或曾与他因工作上的事闹过不开心，所有的这些隔阂在这样的场合，应该随风而散。

若领导问询起一些敏感话题，你要尽可能地为同事做一些辩护，因为这是关系到同事的切身利益的大事，得助人时且助人，做人要有宽大的胸襟和宽广的胸怀，那样，你自己也会生活得快乐与幸福。

72. 做好平时，最为关键
——应对学校领导突击性的民意调查行为

 **情景再现**

期末考试的最后一天下午，数学考试已结束，我正想准备一下，等到点后让孩子排路队送他们出校时，突然看见校长拿着一堆纸站到了教室门口。

"许老师，我想搞个小调查，请您先回避一下。就五分钟。"校长对我说。

真的特别意外。从没遇见过如此的状况，我当即一惊。

 **临场应变**

校长要搞什么名堂呢？我内心暗暗思索。

身正不怕影子歪，我自认为在工作上一向问心无愧，半夜不怕鬼敲门。我朝校长笑笑，"孩子们，快欢迎校长来到我们班级！"我对眼前的这些刚入学一学期的小毛孩说。

"校长好！"在孩子们的齐声招呼之下，我快速地离开了教室，来到办公室。大约五分钟之后，就有孩子来喊我，校长已经走了。

校长神神秘秘地在搞什么名堂呢？一年级的孩子能填写吗？我本想问问，但想想没有必要。我自认为平时是那么尽心尽力，不愧对这些孩子，不愧对所获得的荣誉，不愧对家长对我的信任，何需在意这突击性的民意调查呢？

后来，送好路队，回到办公室才知，校长在这个时间段，到每一个教室都搞民意调查了。一些高年级的班主任悄悄询问个别孩子，才知调查内容多样，主要集中在有没有做有偿家教，有没有体罚，作业量是否适中等。联想到平时自己的所作所为，我是那么的坦然与安心。

 **温馨提示**

学生评教，家长评教，这些突击性的民意调查，是现在生存压力颇大、竞争颇厉害的学校的领导惯用的招数，既起到对老师、班主任的了解作用，又起到警戒作用。

说实话，教师这份工作，是属于服务性的工作，若要每一位家长、每一个孩子都满意，并不是一件容易的事。努力耕耘，问心无愧足矣。

在平时，班主任应兢兢业业，尽自己的能力去把工作做好，努力避开"做有偿家教""过量布置作业"之类的高压线，如此，再突然的民意调查又有何惧？！

73. 诚挚地道谢
——应对学校员工的投诉行为

 **情景再现**

传达室的罗师傅扛着一包书来到我们办公室，我赶紧问好："罗师傅您好！辛苦了哦！这是什么书啊？"罗师傅笑着说："许老师你好！这些是《小学生时代》。"

他一放下书，把各班的《小学生时代》放在班主任的桌子上。当他放书到我桌上时，不经意地微笑着对我说："许老师，昨天中午到你班上修桌子和椅子的时候，哎呀！这些小棺材（桐乡方言，即小家伙的意思）争先恐后地把桌子、椅子拉过来，叫他们慢一点、等一下都不高兴，简直乱套了，累都累死了。"罗师傅的眼睛本来就小，这样眯缝着眼睛说话，眼睛显得更小了。

 **临场应变**

唉，这些小家伙，真是的！我能想象到当时凌乱失控的场面，班主任不在场，再说是碰上了平时态度谦和的学校员工罗伯伯，孩子们简直是山中无老虎，猴子称大王了。

"这些小家伙，太不像话了！等一下我去批评教育他们。谢谢您哦！罗师傅，您不向我反映这件事，我还不知道呢。罗师傅最好了！"我诚挚地道谢。

第七章 应对与同事有关的问题 231

"呵呵！许老师真是客气！"罗师傅笑着走下了楼。

在班上，针对这件事，我重点做了批评和教育，教育全班孩子要懂得尊重学校的员工，让他们知道每一个人都值得我们尊敬与热爱。

自此，我班的孩子见了清扫厕所的奶奶，总是礼貌地喊"奶奶好！"，见了门卫罗师傅总是热情地喊"罗伯伯好！"，见了食堂师傅们总是喊"伯伯好"。

 温馨提示

学校是个小社会，学校里除了教师、学生之外，还有一些服务的员工，比如门卫，比如清洁工，比如食堂师傅。现在社会的功利思想侵袭着孩子们幼小的心灵，对这些员工，有些孩子可能没有像对待老师一般的尊重与敬爱。

作为班主任，平时要注意加强这方面的教育，特别要起到一个带头作用，对这些员工班主任要做到礼貌与恭敬，让孩子们看在眼里，记在心里。当遇见员工有投诉现象的时候，班主任要诚挚地表示感谢，要学会多反思，要耐心、悉心地教育孩子：每一个人，每一份自食其力的工作，都值得我们每一个人尊敬！

74. 给人方便就是给自己方便
——应对搭班老师的调课行为

 **情景再现**

"许老师，你好！等一下与你调一下课好吗？今天上午第三节数学课我想调到第一节课上，我有点事情要处理一下，不知道是否可以？"数学老师沈老师征询我的意见。

若换成第三节我再上语文课,今天又正好轮到我看孩子们午休,下午连续上两节课,那我上完课就没有一点批作业的时间了,更来不及向孩子们反馈。说真心话,调这么一节课,有点打乱我的教育计划了。

但是,谁都有事情的,若调一节课都不愿意,那以后还如何开展合作?

 **临场应变**

"可以!可以!完全可以!你放心出去吧!一切有我在!"我笑着对同事说。

"哈哈!谢谢!许老师真好!"同事开心地说。

"别忘了带好吃的进来哦!"我与同事逗笑。

 温馨提示

每一位班主任,要善于处理人际关系,真诚对待每一位同事,与同事互敬互爱,乐于帮助同事,实现资源共享,发扬团队合作精神。

当同事因有事要调课,或者请你帮忙的时候,你要尽自己的能力给予帮助。给人方便也就是给自己方便。这样,当你有了事情想调课,想请人帮忙的时候,也会得到别人同样热情的回应。

第七章　应对与同事有关的问题　　　233

75. 归因
——应对科任老师对孩子的非理性行为

下午，我去教室里上语文课，看见讲台上有一张扣分单，上面写着"601班今天上午全班不做眼保健操扣2分"。

全班不做眼保健操？为什么？我连忙询问。我一看课程表，上午第三节课是KX课。

"KX老师说，我们班级的KX单元考试是六个班级中最后一名，就不让我们做眼保健操了。她说，考最后一名还做什么眼保健操？"班长陆志宏站起来低声说。全班同学全都低着头，一脸沮丧。

乖乖！有如此不理性的老师吗？考试成绩不好，居然不让孩子们做眼保健操啊！我听后愣在那里。唉，咱们的教育制度，不科学的评价老师的方式，导致了老师们的眼中看不到其他的东西，除了成绩还是成绩。

 临场应变

说实话，我内心真替这位老师感到悲哀，也替我们的教育制度感到悲哀。缺失人性化的教育，唯有冷冰冰的分数。但是，作为同事，我能做的，就是让孩子们自己来反思。

"孩子们，这位老师为什么会用这种极端的方式来对待我们班呢？她为什么在其他班上从来不用这样的手段呢？"我的心有点隐隐作痛，在孩子们面前，我强颜欢笑。

"因为经常有几个男生不完成KX家庭作业。"可爱的姜伊凡站起来说。在我目光的逼视下，陈鑫炜、刘思依、马洪佳、朱玉强等几个男生

纷纷起立。本来，这几个孩子就是在家失控的懒虫。

"孩子们，请记牢，宁愿你不完成语文作业，也不要不做KX作业，知道吗？若实在没有做，那就请在早读之前补好。"我叮嘱道。为此，我还安排了几个懂事乖巧的女生作为他们的监督人，监督他们完成KX作业。

"因为我班的KX单元考试，成绩总是不好，老师说，经常排在年级最后一名。"袁佳站起来说。

"是什么导致了我班的KX成绩如此之差呢？"我反问。KX是一门理解性比较强的学科，单靠死记硬背是没有用的。

"因为那位老师特别严厉，在上课时总是批评我们，说起话来很难听，我们对KX很不感兴趣，一上KX课就头疼。"卢秋阳站起来说。他这么一说，马上得到了众多同学的应和，纷纷反映自己也是因为这个状况而不喜欢KX课的。

"孩子们，每一位老师都有自己的教学方式。严师出高徒，KX老师的严厉主要是为我们着想的。有人做过实验，鼓励、赞美对一个人的帮助最大，严格、批评对一个人的帮助也很大，仅次于鼓励、赞美。最没有帮助的就是漠然与漠视，如果KX老师某一天连批评我们的兴趣都没有了，那就真的糟糕了。"我为这位老师如此辩解道。

"说句实在话，这位KX老师真的很负责的，她一个人要教五个班，经常把嗓子都喊哑了，但是，你们却一点都不知道体恤老师。许老师觉得很不安，觉得自己这位班主任没有当成功，宁愿你们不学好语文，也要学好KX。"我检讨着自己。

"许老师，你没有错，最主要的是我们自己。我们以后一定认真对待每一门功课。"学习委员姚凯洁说。

"我不知道姚凯洁的话是不是代表了全班同学的心声呢？若赞成她的话，就请举手。"我这么一说，全班孩子都高高地举起了手。

"那么，我建议大家拿出点诚意来，给KX老师写一封信，向她表示歉意，并告诉她以后将努力学习KX。怎么样？"我提议。孩子们在下面齐声答应。

"此事由姚凯洁、陆志宏、姜伊凡负责一下。下面我们就开始上语文课了。"

此后,孩子们的KX成绩渐渐上去,KX老师对孩子们的非理性的行为不见了,孩子们以自己的诚意渐渐地赢得了老师的心。

 温馨提示

我无意评判现在的教育制度,唯成绩是重的单一评价方式,的确让我们这些普通的一线老师亲眼见到一些"铁血政策"和"高压政策",看到一批能让孩子们考出高分的领导眼中所谓的优秀教师的一些非理性的行为。作为同事,看到这些现象,虽有所心痛,但你不能当面言说,不然,将引起同事之间的矛盾,这个全没必要。孩子一拨一拨地走了,但同事一年一年还在,为了孩子,与同事搞僵关系,尚无必要。

作为班主任,在尽可能为科任老师的非理性行为寻找一些辩解的理由的同时,更要做好学生的思想安抚工作,引导孩子们去归因:为什么科任老师会有如此不理性的行为?让他们一一来反思,意识到主要是因为他们的不认真才导致了科任老师的非理性行为。针对在此学科上暴露出来的问题,班主任可采取一些有效的措施,想方设法来提高此学科的成绩。

为了表示孩子们的诚意,可让一些班干部(或当事人)给科任老师写道歉信,消除科任老师对孩子们的隔阂。

76. 不要应和
——应对同事质询学校领导的行为

 **情景再现**

学期快结束了，全体教师正在开教代会。

副校长正在朗读学校章程的修改稿。读着读着，突然之间，一位同事举着手站起来说，"校长，我想询问一个问题，请回答：一年级、六年级的老师每一个月多30元的津贴，那我们三、四年级的一部分教两门主课（语文、科学）的老师，该如何算呢？我一周有16节课，两门主课，复习阶段嗓子都不行了，挂了几天的吊水，直到今天还没恢复。你去问问三、四年级教两门主科的老师，谁没有意见啊？"

他依然气呼呼地说，"学校里有这么多不上主课的老师，还有借调出去的老师，工资却在学校拿，他们的工作我们帮着做。不上课最好了！"

另一位同事也在下面说，"洗澡的时候，能不能只洗头和脚？现在你们只重视一年级、六年级，其实就是这样洗澡的。"

下面坐着的同事，被这位同事的勇敢行为所震撼。或许，大家心里都有想法，但都没勇气在这样的场合说出来。

于是，下面一片窃窃私语声。

 **临场应变**

我看看那位同事，也看看坐在主席台上的几位领导。我没有与边上的同事说一句半句附和的话。

在这样的公众场合，以这样的方式来质询领导，毕竟有所不礼貌，也给他们难以下台阶的尴尬。

选择这样的方式，我也不支持！

 温馨提示

《教师走向成功的22条"军规"》中指出：永远不要说校长的坏话：校长是一所学校的领导者和管理者。但很多时候，你或许会觉得校长不如自己，最常见的是校长教书不怎么样，科研也不过如此……尤其当你拿自己的长处与校长的短处相比时，你不免要发出感慨，这个校长的位置真是坐错了人，世上伯乐真是太少了！

说实在的，在中国学校日益行政化的体制下，无论是当面质询还是背后议论，与学校领导关系闹僵，最终吃亏的依然是我们这些普通的教师。无论哪一位校长上任，都有他独有的优点和难以避免的缺点。

我们作为一线教师，做好自己应做的本职工作就可。当有同事在背后或当面议论甚至指责校长的时候，我们要尽可能避免去应和。明哲保身，也是为了给自己一个舒畅的工作环境，能快乐逍遥、心无旁骛地走持续专业发展的道路。

77. 让孩子自己去取
——应对食堂师傅忘放菜勺的行为

 **情景再现**

上午第三节课铃声响了，我命令孩子们放下手中的笔，准备吃饭。

饭菜抬进教室后，各管理人员到位。时媛媛上来分饭菜。"许老师，菜桶里分菜的勺子没有放，没法分菜。"时媛媛走过来对我说。

啊？下面一阵唏嘘声。有孩子议论，那怎么分菜？

 **临场应变**

"孩子们,这有什么啊!食堂里的爷爷奶奶们忘记放了啊!你们不是经常会忘记带书带作业本,要打电话叫你们的爸爸妈妈送来吗?忘记放了,我们去拿来就是了。"听我这么一说,孩子们的心情平静了,没有人再在下面唏嘘了。

"让生活委员张煜和中队长钱怡笑一起去食堂里拿菜勺,拿的时候一定要注意礼貌,还要说谢谢!其他孩子静等一下,可以吗?"我对全班孩子说。

孩子们高喊:"可以!"

张煜和钱怡笑一起走下楼去了。孩子们静悄悄地在教室里等待。没过多久,这两个孩子就拿着菜勺上来了。

"钱怡笑,你们是怎么与食堂里的爷爷奶奶说的啊?"我问道。

"我们说,奶奶,我们301班的菜桶里没有分菜的勺子,不知道这里有没有多的?"钱怡笑笑着对我说。

"一位爷爷马上找来一把勺子给我,我对他说声谢谢就来了。"她接着告诉我。

"嗯,很棒!你真懂礼貌,要表扬!"我夸道。

等我到食堂里就餐时,分菜给我的一位阿姨有点不好意思地对我说:"许老师,今天你班的菜勺我们忘了放,两个小朋友来拿,她们真有礼貌啊!"

"阿姨,忘记放了很正常,让这两个孩子来拿一下,很方便的。你们有这么多的班级要负责,一上午很辛苦哦!"我赶紧对阿姨说。

第七章　应对与同事有关的问题　　239

 **温馨提示**

在管理午餐的过程中，时常会遇见各种各样的问题：比如食堂师傅忘记放勺子了，比如每周一次的水果少了一只苹果，比如分红烧狮子头的时候，少了一两个……

班主任首先要告诉孩子们，食堂师傅忘放了或数错了，实在是一件正常的事情，让孩子们从小就有一颗体谅劳动者的心。然后，班主任可选派班长或中队长和生活委员主动下楼去食堂取，让他们自己去与食堂师傅打交道，培养孩子们的交际能力和班干部的担当能力。

78. 给予是快乐的
——应对同事遇到工作困难的行为

 **情景再现**

"许老师，你和四班的沈老师一起去钱校长的办公室拿已经上交的十佳孝敬之星的推荐表，电子稿要存档。"电话中，传来教导主任柏老师的声音。此刻，我已做完手头所有的学期结束班主任要做的事情，正准备回家抱儿子呢。

"哦，知道了，我马上来拿。"我说道。

"沈老师，柏老师叫我们去拿十佳孝敬之星的推荐表，我去拿，把你的也拿来好了。"我笑着对沈老师说。

"呵呵，儿子抱不成了啊。又要忙事情了。"同事笑着对我戏谑。

我去拿来后，噼里啪啦一阵，轻松地把电子稿给搞定了。

"许老师，这个电子稿在哪里呢？要全部打进去吗？"沈老师问我。

要知道，沈老师今年已经57岁了，几乎是一个电脑盲，要让他打字，虽然只有三四百字，估计两个小时他也打不完。看看他，学生评语还没写完，正手忙脚乱呢。

 **临场应变**

"沈老师，我来帮你打好了，你安心地写评语吧。我打字很快的。"我笑着对沈老师说。

"不用不用！我自己慢慢打好了，你早点回家抱儿子吧！"沈老师很客气，同在一个办公室一个学期了，他知道我带儿子很辛苦。

"呵呵，也不差这么一点时间，我帮你打打，很快的。"我赶紧从沈老师的桌子上拿过推荐表，帮助沈老师打了起来。

"那谢谢你哦！许老师。"沈老师笑着说。

"别客气！举手之劳！"我边打边对沈老师说。

十分钟左右，我帮沈老师全部打好，放在教科室的文件夹里。

"沈老师，已经弄好了。"我把纸质推荐表交给沈老师。

"啊！这么快！真的要谢谢许老师啊，我要打上半天呢。"沈老师的脸上洋溢着开心的笑容。

 温馨提示

寸有所长，尺有所短，每一个人都有自己的长处和短处。身处一个集体中，当看见一些同事遇见工作上的一些困难时，若自己有能力帮助他，那就尽可能地多去帮忙。比如，我写作比较好，时常有同事在评职称时，让我帮忙修改论文，在一般的情况下，我总是不遗余力地帮助同事修改。同办公室的几位年老的教师不懂电脑，在布置教室时，我总是帮助他们打印好大字……

尽管有的时候，好人不做好事。你无私地为同事付出了一些劳动，某些自私的同事非但不会感激你，甚至会在背后恶意中伤你。但毕竟这样的同事是少数。赠人玫瑰,手有余香,给予是快乐的、美好的,给予的同时也是得到。营造一个舒畅、友爱的环境,更利于班主任提高自己的工作效率。

后 记

感恩的心,感谢有您

恍惚中,常嗟叹,生命是有几许的偶然串联。当初邂逅"教育在线"是一个偶然,邂逅新教育实验是一个偶然,邂逅苏霍姆林斯基是一个偶然,邂逅张万祥老师是一个偶然,邂逅"万千教育"是一个偶然……一系列的偶然,仿佛冥冥中一个个美好的约会,在前方朝我微笑着招手,让我毫不畏惧地向前,向前……我浅笑轻颦,一次又一次地感受着这一份份的"额外的奖赏"。

遥想当初,受李镇西老师的"五个一工程"的影响,看着一位位优秀教师都这么有滋有味地做着,我不知不觉受到熏陶和感染,也开始一晚晚的手指翻飞,开始不知疲倦地阅读、书写、记录,以及敲击键盘时的反思。

朱永新老师说,要想写得精彩,必须做得精彩。这一句话,深深地镌刻在了我的心上。

如何让自己的日常教育生活变得精彩,如何让面前的这群孩子的学校生活变得丰富,如何积极地用智慧应付这些"焦头烂额"的特别的孩子……为了让自己每一天的教育生活充满生机,为了给自己开一朵绚烂的花，我开始了在教育旅途上的踟蹰行走。

前进的路上，彷徨、犹豫、急躁、失落，时而如绳子一般地缠绕我的心灵。总有几许不如意。也有想放弃的时刻。

犟鬼陶陶一直是令我最心动的角色。无数回，我默默地安慰自己，只要上了路，那就一天天走，总有一场隆重的庆典在不远处等待着你。所以，我无畏，我行走。不经意中，我悄悄拂去了那一份倦怠，赶走了那一缕妥协。我鼓足勇气，开启了一个又一个美好的日子。

不知不觉，我的电脑中静静地留下了将近100万字的文字，一个个精彩故事，一段段动人传说，一个个所谓的临场应变技巧，它们就这样静静地沉睡着，沉睡着，直到某一天，遇上了"万千教育"，它们中的某些场景就以文字结集的方式呈现出来。

心存感激，细数阳光。

结集付梓之际，感谢美好的生活，让我自由地呼吸。

感谢过去及现在的孩子，因为有了你们，我的教育生活才变得不断地丰富。

感谢家长，是你们的支持和配合，让我前进的步伐更为坚定。

感谢我的恩师，敬爱的张万祥老师，是您不断的提携和鼓励，让我对自己充满了信心，也踏上了更大的舞台，看到了前方美丽的风景。

感谢看着我长大，一贯以来给我支持和鼓励的吕剑洪校长，是您让我爱上了教育，懂得了人生该有所追求。

感谢沈玲先校长，是您不断的支持和鞭策，让我无畏地向前。

感谢我们桐乡市教育局各位领导的赏识和鼓励，让我扬起前进的风帆。

感谢同福小学所有的同事，是你们对我的呵护和关爱，是你们的兢兢业业，让我学会了沉潜。

感谢中山路小学这一方沃土，给了我滋养的土壤，感谢学校同事的宽容。

感谢所有鼓励我、关注我的师长和朋友。

感谢吴红主任给予我的信任，给了我编著此书的机会……

感恩的心，感谢有您。

此书是近六年来我的教育日记的节选，是记录历史的方式，过去的经历和感受聚集在文字里，那是往昔的剪影。纪伯伦说："知道昨天不过是今天的回忆，而明天不过是今天的梦。那就让今天凭记忆拥抱着过去，以热烈的希望拥抱着将来吧。"

我永远行走在这些沙滩上，

行走在沙土和海沫之间。

高潮会抹掉我的脚印，

风也会吹走海沫，

但大海和沙滩，

永远存在。

谨以此书献给小儿琅琅，以作他的周岁贺礼，祝孩子健康快乐成长！

许丹红
于 2011 年 5 月

万千教育 基础教育类书目

书号	书名	著、译者	定价(元)
小学班主任专业技能			
1196	小学班主任与家长沟通之道 ——心与心的交流	许丹红 著	36.00
8266	小学班主任的78个临场应变技巧	许丹红 著	32.00
9555	打造小学卓越班级的38个策略	许丹红 著	30.00
0699	好班是怎样炼成的 ——小学班主任班级建设之道	谢 云 主编	40.00
0672	正思维、正能量和正教育 ——魅力班主任的幸福教育生活	钱碧玉 著	36.00
9764	缔造完美教室 ——小学班本课程的开发与实践	李亚敏 刘 娟 著	39.00
9574	小学家校沟通的艺术	王怀玉 著	35.00
9935	写给少先队辅导员的41条建议	许其龙 著	35.00
7798	优秀少先队辅导员的八项修炼	谢金土 等 编著	26.00
小学班主任专业技能合计			309.00
课堂管理系列			
9193	让教师都爱上教学 ——307个好用的课堂管理策略	罗兴娟 译	34.00
7312	让学生都爱听你讲 ——课堂有效管理6步法	屈宇清 等 译	20.00

7697	课堂管理，会者不难	王晓春　著	26.00
0800	中小学生纪律教育 ——全方位解决纪律问题的策略	陆如萍　等　译	42.00
8502	中学课堂纪律管理指南	徐昌和　等　译	48.00
0673	透视小学生课堂行为 ——小学教师的课堂管理指南（第九版）	赵　琴　译	48.00
0674	透视中学生课堂行为 ——中学教师的课堂管理指南（第九版）	陈彩虹　译	46.00
课堂管理系列合计			**264.00**
班主任工作理念与方法			
2204	做一个会"偷懒"的班主任（第二版）	郑学志　著	48.00
1708	怎样教授道德才有效 ——德育心理学家给教师的建议	杨韶刚　等　译	48.00
1709	学生特殊问题发现与应对 ——给普通教师的建议	昝　飞　等　著	48.00
7318	与学生家长"过招" ——班主任的家长工作艺术和技巧	郑学志　著	26.00
7316	把班级还给学生 ——班集体建设与管理的创新艺术	郑立平　著	26.00
7319	班主任工作的55个"鬼点子"	刘坚新　等　编著	26.00
7344	遭遇问题学生 ——问题学生的教育与转化技巧	万　玮　编著	25.00
7317	魅力班会是怎样炼成的	杨　兵　著	25.00
8631	家校沟通，没有痛过你不会懂 ——知名班主任梅洪建的心路历程	梅洪建　著	32.00
0539	如何上好班级心理辅导活动课 ——钟志农答疑50问	钟志农　著	42.00

……
欲了解更多图书信息，请登录：www.wqedu.com
联系地址：北京市西城区三里河路6号院2号楼213室　万千教育
咨询电话：010-65181109，65262933
*本目录定价如有错误或变动，以实际出书为准。